コンパス
保育内容表現

2017年告示 幼稚園教育要領，保育所保育指針
幼保連携型認定こども園教育・保育要領　準拠

編著：島田由紀子・駒　久美子

共著：味府美香・池谷潤子・甲斐万里子・高須裕美・塚本美起子
　　　手塚千尋・永岡和香子・中村光絵・花家彩子・保坂　遊
　　　森田陽子・渡邊孝枝

まえがき

　2017（平成29）年3月に新しい学習指導要領等が告示され，2019（平成31）年4月には新しい教職課程が始まりました。乳幼児期の教育・保育を実践していく専門家を養成する大学等においても，何をどのように指導していくのか，授業の在り方にも変化が求められています。そうした動向をふまえ，本書では，子ども自身の思いや意図をもった遊びが「表現」であることを読み取り，それを共有したり，支えたり，発展させたりすることができるように，実際の事例を紹介しながら，乳幼児期における領域「表現」の位置付けと，そのねらい及び内容について理解を深められるよう解説をしています。また，本テキストを使用する授業担当者にとっても，それぞれの学問的専門性を生かしつつ，本書に示した事例をもとに授業をアレンジし，創意工夫しながら，授業を創造していくことができるような章構成となっています。

　本書の特徴は，大きく2つあります。ひとつは，年齢による発達，季節や環境等の様々な要因をふまえた教材研究を通して，具体的な指導場面を想定し，指導案作成のための考え方を多く提案しているところです。子どもの遊びは総合的であり，遊びそのものが表現であることを考えれば，テキストも様々な表現を総合的に捉えていく必要があります。ひとつの素材からどうやって遊びを発展させていくことができるか，身の回りの人・もの・ことがすべて教材となって，総合的に遊び（学び）を深める，そのプロセスとじっくり向き合って，よりよい保育を目指して欲しいと思っています。

　もうひとつは，各章を音楽表現や造形表現，身体表現という切り口で分類せずに，「紡ぐ」という言葉で表したことです。「紡ぐ」という言葉は，本来「綿や繭から繊維を引き出し，よりをかけて糸にすること（大辞林第三版，三省堂）」を意味しています。子どもたち一人一人の様々な表現が折り重なったり，合わさったり，つながったりしながら，ひとつの大きな表現へと育まれていく，そのような想いを込めて「紡ぐ」という言葉で表してみました。これから保育者を目指す皆さん，現職の保育者の皆さんにも，本書を通して乳幼児期が紡ぐ表現の読み取りに少しでも貢献できれば，編著者一同喜びに堪えません。

2019年3月

編　者

目　次

第1章　領域「表現」とは　　1

1. 教育要領，保育指針，教育・保育要領における領域「表現」のねらい及び内容 …………………………………… 1
   - （1）領域「表現」とは　2
   - （2）幼児教育で育みたい資質・能力　2
   - （3）発達の段階に応じた，領域「表現」に関わる保育内容　3
2. 保育における領域「表現」と他領域との関わり …………………… 6
   - （1）各領域との関係　6
   - （2）表現活動と5領域　7
3. 表現を育てること ………………………………………………… 8

【コラム】表現と表出 …………………………………………………… 10

第2章　子どもの表現を支える保育者の役割　　11

1. 子どもの表現したい気持ちを読み取る …………………………… 11
2. 子どもの表現を受け止める ………………………………………… 12
3. 子どもの表現を共有・発展させる ………………………………… 13

【コラム】子どもの表現は予測不可能？ …………………………… 16

第3章　幼児期から児童期への接続　　17

1. 表現する意欲を育む幼児期の「表現」 …………………………… 17
   - （1）自分の気持ちを自分なりに表し自分のなかで楽しむ　17
   - （2）自分なりの表現を他者に対して表現することを楽しむ　18
   - （3）異年齢との交流を通して，魅力的な表現に触れることで
         表現する意欲がふくらむ　19
2. 「幼児期の終わりまでに育ってほしい姿」から読み取る
   5歳児後半の表現 ………………………………………………… 21
3. 幼児期の「表現」から児童期への学びの連続性 ………………… 24

目　次

　　　　【コラム】保育を記録すること ……………………………………………………… 26

第4章　環境が紡ぐ表現　　　　　　　　　　　　　　　27

　　1　時が紡ぐ表現 ……………………………………………………………………… 27
　　2　空間が紡ぐ表現 …………………………………………………………………… 29
　　3　ものが紡ぐ表現 …………………………………………………………………… 31
　　【コラム】演劇に対する大いなる誤解 ………………………………………………… 34

第5章　からだと心が紡ぐ表現　　　　　　　　　　　　35

　　1　動きを通して心を紡ぐ …………………………………………………………… 35
　　　（1）身に付けておきたい36の基本動作　35
　　　（2）36の基本動作とからだの動きをともなった遊び　36
　　2　イメージを通して心を紡ぐ ……………………………………………………… 38
　　　（1）生活や遊びのなかで，からだで感じたことからイメージを
　　　　　 ふくらませる　38
　　　（2）見たことのない世界をイメージし，からだで表現する　39
　　3　多様なニーズに応じた表現活動（インクルーシブな身体表現）… 41
　　4　からだと心が紡ぐ表現 …………………………………………………………… 43
　　【コラム】鬼遊び ………………………………………………………………………… 45
　　【コラム】描画発達 ……………………………………………………………………… 46

第6章　遊びが紡ぐ表現　　　　　　　　　　　　　　　47

　　1　ごっこ遊びと劇遊び ……………………………………………………………… 47
　　2　音楽遊びが紡ぐ表現 ……………………………………………………………… 49
　　3　造形遊びからパペットシアターへ ……………………………………………… 51
　　　（1）環境がつくりだす「自由な表現の場」　51
　　　（2）造形遊びから生まれたパペットからパペットシアターへ　51
　　4　なりきる楽しさから発表の場へ ………………………………………………… 53
　　【コラム】子どもの遊びの世界 ………………………………………………………… 56

第7章　素材が紡ぐ表現　　57

1　素材との出会い　57
（1）ものへの興味—からだの諸感覚で感じる　57
（2）素材は身の回りにいつもある　58

2　発想を豊かに広げる表現素材　58
（1）自　然　59
（2）紙は造形表現の基本であり応用　61
（3）粘土の感触　62
（4）透ける美しさ—透明素材　62
（5）木材，金属，プラスチック　63
（6）生活素材　63
（7）共同制作での素材の活用　64
（8）素材を提供する環境の工夫　64

【コラム】素材から生まれる表現活動　66

第8章　多様な情報機器で紡ぐ表現　　67

1　メディア時代の表現教育の現状と課題　67
2　メディアと表現活動　68
（1）表現におけるメディウム／メディアとは　68
（2）子どもの表現におけるインターメディア性　69

3　乳幼児期の発達段階とメディアの関係性　69
（1）乳幼児期の情報機器使用に関する議論　70
（2）教育要領等における情報機器の位置付け　70
（3）身体性と媒介される思考に注目したメディアの選択　71

4　表現活動における情報機器の活用例　72
（1）光遊び—すてきな仕立て屋さん　72
（2）逆再生アプリで面白ムービーを撮ってみよう！　72
（3）「KOMA KOMA」でカラフルな生き物たちの
　　アニメーションをつくろう　73

【コラム】レッジョ・エミリア—100の言葉を支えるモノ選びと
　　　　　地域社会のつながり　74

目　次

第9章　他者と紡ぐ表現　75

1　対話すること ……………………………………………………………… 75
　（1）模倣という対話　75
　（2）対話が変わる瞬間　77
2　共有すること …………………………………………………………… 78
　（1）子どもは何を共有するか　78
　（2）保育者は何を共有するか　79
3　協同すること …………………………………………………………… 80
【コラム】集団的創造性 …………………………………………………… 82

第10章　発達や季節をふまえて保育を構想する（1）　83

1　フローチャートによる保育計画の立案 ………………………………… 83
2　0・1歳児の保育計画の立案―フローチャートをもとに― ………… 84
　（1）活動の導入　85
　（2）活動の展開　85
3　教材研究 ………………………………………………………………… 88
　（1）手型・足型のスタンプ遊び　88
　（2）廃材を使ったスタンプづくり　89
4　模擬保育とその振り返り ………………………………………………… 89
　（1）模擬保育の準備　90
　（2）模擬保育　90
　（3）振り返り　90
【コラム】乳幼児の表現の発達 …………………………………………… 92

第11章　発達や季節をふまえて保育を構想する（2）　93

1　2歳児の保育計画の立案―フローチャートをもとに― ……………… 93
　（1）遊びにおける2歳児の発達　93
　（2）2歳児の保育環境で配慮したいこと　94
　（3）保育所保育指針における領域「表現」の内容について　95
　（4）2歳児の活動の際に配慮すること　95
2　教材研究 ………………………………………………………………… 97
3　模擬保育とその振り返り ………………………………………………… 98

【コラム】子どもと色彩……………………………………………………………………… 102

第12章　発達や季節をふまえて保育を構想する（3） 103

1　3・4歳児の保育計画の立案—フローチャートをもとに— …… 103
（1）3・4歳児の保育の特徴　103
（2）フローチャートをつくる　104

2　教材研究 ………………………………………………………………… 104
（1）試してみる　104
（2）指導案を作成する　106

3　保育ボランンティアとその振り返り ……………………………… 110
（1）模擬保育　110
（2）振り返り　110

【コラム】活動空間と表現の広がり…………………………………………… 112

第13章　発達や季節をふまえて保育を構想する（4） 113

1　5歳児の保育計画の立案—フローチャートをもとに— ………… 113
（1）5歳児の表現活動の立案で大切にしたいこと　113
（2）「出会い」をテーマにしたフローチャート
　　　及びその一部の指導案　115

2　教材研究 ………………………………………………………………… 118

3　模擬保育とその振り返り ……………………………………………… 119

【コラム】諸外国の音楽教育「オルフ研究所」での学びから……………… 122

第14章　表現と評価 123

1　一人一人の表現をみる ………………………………………………… 123
（1）歌を介したやりとりからみる視点　124

2　活動を振り返る ………………………………………………………… 125
（1）生活のなかにある多様な表現を振り返る　125
（2）実践記録の意味を考える　126

3　集団と個の関係をとらえる …………………………………………… 127
（1）領域を超えた学びの広がりを評価する　127
（2）幼児理解に基づいた評価　128

【コラム】アメリカの保育 ……………………………………………………………… 130

第15章　領域「表現」の現代的課題　　131

　1　文化と表現 ……………………………………………………………………… 131
　2　総合的な表現への広がり ……………………………………………………… 131
　　（1）児童文化と子どもの自発的な表現　131
　　（2）独自の表現を支える予想外の状況とこだわり　133
　3　養成校における表現教育の課題 ……………………………………………… 133
　　（1）直接的体験を通した表現教育　133
　　（2）子どもの創造性を育む保育実践の開発　134
　　（3）特別な配慮を必要とする子どもと表現　135
　【コラム】森の幼稚園 …………………………………………………………… 138

資料1　本文で扱った子どもの表現活動につながる児童文化 ……………………139
資料2　子どもの発達からみる遊びの一例 …………………………………………141
資料3　幼稚園教育要領，保育所保育指針，幼保連携型認定こども
　　　　園教育・保育要領「表現」に関わる部分の抜粋 ……………………………143
索　引 ……………………………………………………………………………………147

第1章 領域「表現」とは

　子どもが「感じたことや考えたことを自分なりに表現することを通して，豊かな感性や表現する力を養い，創造性を豊かにする」ためには，子どもの様々な表現を見いだし意味を理解し，育ちの見通しをもった指導が必要である。幼稚園教育要領，保育所保育指針，幼保連携型認定こども園教育・保育要領に示された領域「表現」のねらい及び内容を通して乳幼児期に育みたい資質・能力について理解を深める。

　幼稚園教育要領（以下，教育要領），保育所保育指針（以下，保育指針），幼保連携型認定こども園教育・保育要領（以下，教育・保育要領）では，これまでのそれぞれのとらえ方を引き継ぎ発展させるとともに，文部科学省，厚生労働省，内閣府が連携し，幼稚園，保育所，認定こども園に共通した課題を明確にし，就学前施設（幼稚園・保育所・認定こども園をいう）では明確に幼児教育を行うことを位置付けた。また，保育所と認定こども園では乳児保育に関わるねらい及び内容を3つの視点から示し，1歳以上3歳未満児までの保育では子どもの発達に応じた内容が共通化されている。3歳以上児に関わるねらい及び内容については，5領域として3つの就学前施設に共通して位置付けられている。さらに，「幼児期の終わりまでに育ってほしい姿」を示すことによって，幼児期に育まれた資質・能力が小学校以降の学習や生活の基盤の育成につながっていくことが明記されている。

1 教育要領，保育指針，教育・保育要領における領域「表現」のねらい及び内容

　就学前施設は，子どもが遊びを通して生涯にわたる人格形成の基礎を育み，生活習慣を身に付けていく場である。子どもが生きる力の基礎となる力を育む

第1章 領域「表現」とは

写真1-1 風に揺れるタオルに手を伸ばして

ために，環境を通して何を経験させたらよいのか，ということが，教育要領と保育指針，教育・保育要領で示されている。1989（平成元）年の改訂（改定）以降〔教育・保育要領は2015（平成27）年施行〕その保育内容は「健康」「人間関係」「環境」「言葉」「表現」の5領域によって示され，ねらい及び内容が記されている。ねらいとは，就学前施設で育みたい資質・能力を幼児の生活する姿からとらえたものであり，内容とは，ねらいを達成するために指導する事項である。教育要領，保育指針，教育・保育要領における内容の取扱いは，指導する際の留意点や配慮する事柄について示されている。

（1）領域「表現」とは

　教育要領，保育指針等において領域「表現」では，保育者（幼稚園教諭・保育士・保育教諭をいう）により一層の総合的な表現についての経験や表現力が求められるようになった。保育者の養成課程においても，音楽や造形，言葉等について専門的な知識や技能，表現力を身に付けるに留まらず，総合的な表現について学び理解すること，そして何よりも子どもの表現を見取る力と，その表現を深めたり，広げたりするための指導をする力が求められている。総合的な表現とは，音楽，造形，身体や言葉による表現が複合的，融合的に表現されることをいう。したがって，音楽，造形，身体，言葉とそれぞれの表現方法・内容ごとに括られるものではない。また保育者が，ピアノ，歌，お絵かき，工作といったそれぞれの表現方法・手段に区分して，子どもの活動を考えたり，保育実践したりするものでもない。

　子どもが諸感覚で感じ，表現したくなる環境を保育者が整え，子どもが感じたことや考えたことについて，遊びのなかで，自分なりの方法で表現する経験を重ねていくことが大切である。

（2）幼児教育で育みたい資質・能力

　就学前施設における幼児教育で育みたい資質・能力とは，「知識及び技能の基礎」「思考力，判断力，表現力等の基礎」「学びに向かう力，人間性等」である。

　この3つの資質・能力を領域「表現」でより具体的にとらえてみたい。まず

1 教育要領，保育指針，教育・保育要領における領域「表現」のねらい及び内容

「知識及び技能の基礎」については楽譜に沿って演奏できたり，上手に絵が描けたり，リズムに合わせて振り付け通りに正しく踊れたり，といったことだと考えるかもしれない。しかし，幼児教育では保育者が教科として何かを教えたり，小学校の授業のようなことが行われたりしているわけではない。子どもが遊びを通して多様な経験を重ねていくなかで，様々なことを感じたり，気付いたり，わかったり，できるようになったりすることで「知識及び技能の基礎」を培っていく。それがやがて小学校以降の知識や技能につながっていくのである。

「思考力，判断力，表現力等の基礎」とは，子どもが気付いたことやわかったこと等をもとに，考えたり，試したり，工夫したり，表現したりすることである。作品を完成させることだけを目標にするのではなく，制作過程での音やリズム，色や形等のものと対峙したり，あるいはからだや言葉等を駆使したりするなかで，自分の表現にふさわしいものや素材等から感じたり選んだり，変化を加えたり，工夫したり，試行錯誤することが，やがて思考力，判断力，表現力等につながっていく。

幼児教育が大切にしている心情，意欲，態度が育つなかで，よりよい生活を営もうとすることが「学びに向かう力，人間性等」であり，思考力や判断力や表現力となり，知識及び技能，思考力，判断力，表現力等につながる大切な土台である。

(3) 発達の段階に応じた，領域「表現」に関わる保育内容

1) 乳児の保育内容

乳児保育に関わるねらい及び内容は，以下の3つの視点に分けて，保育指針，及び教育・保育要領に示されている。3つの視点とは，① 心身的発達に関する視点「健やかに伸び伸びと育つ」，② 社会的発達に関する視点「身近な人と気持ちが通じ合う」，③ 精神的発達に関する視点「身近なものと関わり感性が育つ」である。保育者は，乳児期の未分化な発達をふまえた3つの視点を意識しながら，1歳児以降の5領域につなが

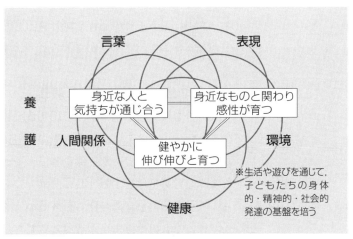

図1-1　0歳児の保育内容の記載イメージ
出典）厚生労働省HP (https://www.mhlw.go.jp/file/05-Shingikai-12601000-Seisakutoukatsukan-Sanjikanshitsu_Shakaihoshoutantou/04_1.pdf)

写真1-2 天井から下がる飾りを見つめる

る視点をもち，受容的・応答的な保育を目指すことが求められている。

領域「表現」につながる内容としては，信頼できる保育者のもと，身近なものに興味を持ち，自然や音，形，色，感触に気付いたり，様々なものを手を使って遊んだり，保育者の遊びに応じたり，からだを動かしたりする。保育者は，一緒に遊ぶなかで，子どもらしい表現を見いだし，その表現を受け止め理解すること，その表現に応じた働き掛けができるよう諸感覚を研ぎ澄ませておきたい。

2）1歳以上3歳未満児の領域「表現」

乳児からの経験をふまえて，砂，土，葉，小枝，雨，風，陽の光等，自然の美しさや面白さ，不思議さを諸感覚で感じられる環境を整えておきたい。子どもが感じたことを表現できるよう，身近な環境に可塑性（自由に形成できる）に富んだ素材（粘土等）を用意しておくことで，思うように表現することが可能となり，達成感や満足感が得られる。また，音やリズムが聴覚的にも視覚的にも感じられるよう，ものの配置にも気を配りたい。子ども自身が表現する経験を重ねるとともに，イメージがふくらむような保育者の言葉掛けや，友だちと一緒に表現を楽しんでいることを実感できる場面を設ける。

子どもが諸感覚を使って感じ，感じたことや考えことを様々なものを介して表現できるように環境を整える。保育者は，子どもの表現を受け止め，共感し，表現に至るまでの過程や試行錯誤した様子を見逃さず，さらにその表現が広がる具体的な言葉掛けができるようにする。

3）3歳以上児の領域「表現」

生活のなかで諸感覚によって感じる経験を重ね，それを音，色や形，からだや言葉で表現すること，友だちや保育者に言葉で伝えることで，感じる力，表現する力が深まっていく。保育者は，子どもが感じたことからイメージが膨らむような言葉掛けをすると共に，様々なものを介してそのイメージを表現できるよう，導く力を身に付けておきたい。そのためには，保育者自身も生活のなかで様々なものや事象から敏感に感じられるよう感性を研ぎ澄ませ，表現するための音楽，造形，身体，言語等の表現について，融合的，総合的な表現についての知識や技能，そして表現する力を身に付けておきたい。

教育要領等にある内容の取扱い（1）の「風の音や雨の音，身近にある草や花の形や色などの自然の中にある音，形，色などに気付くようにすること」[1]では，自然や生活について強調されている。太陽の光やそよぐ風，雨，草花，季節や時間によって変化する自然の美しさを感じることができる。そういった生活のなかにある自然の美しさを表現活動に取り入れることで，時間や場所を問わず，素材や道具の有無にかかわらず，感じたり，感じたことを表現したりすることができるようになり，多様な表現が期待できる。

1）文部科学省『幼稚園教育要領』［第2章 表現3（1）］，2017．

図1-2　幼児期の終わりまでに育ってほしい姿のイメージ
出典）文部科学省「教育課程部会幼児教育部会資料6」2016．

図1-2は，5歳修了時の方向目標とされている「幼児期の終わりまでに育ってほしい姿」である。3歳，4歳とその時期に必要な経験が，十分に積み重ねられていることによって，5歳児の後半に，こうした「幼児期の終わりまでに育ってほしい姿」を見取ることができる。そのためには，3・4歳児での育ちや，表現による遊びが，5歳修了時の「幼児期の終わりまでに育ってほしい姿」にどのようにつながるのか，見通しをもって日々の保育に取り組みたい。そのうえで，5歳児の表現活動を中心とした指導計画を立てる時，「幼児期の終わりまでに育ってほしい姿」とどのように関連しているか，ねらいや内容を考える。また保育を振り返る時，あるいは他者の実践する保育を観察する時，「幼児期の終わりまでに育ってほしい姿」との関連を考えながら記録することで，見通しをもった保育実践，さらには保育の質の向上が期待できるだろう。

2 保育における領域「表現」と他領域との関わり

　保育内容の5領域（健康・人間関係・環境・言葉・表現）は，子どもに育みたい資質・能力を5つの領域に分け，それぞれの領域ごとにねらい及び内容が示されている。保育者は，保育活動を考える時，領域「表現」だけを取り出すのではなく，他領域との関わりについても留意したい。

（1）各領域との関係

1）領域「健康」との関係

　就学前施設における表現遊びにおいて，他者の表現を感じ，知り，受け止め，自らの表現に取り入れていくことと，領域「健康」での，「保育士等や友達と触れ合い，安定感をもって行動する」[2]こと，「様々な活動に親しみ，楽しんで取り組む」[2]は，表現活動にも共通している。「危険な場所，危険な遊び方，災害時などの行動の仕方が分かり，安全に気を付けて行動する」[2]では，道具の安全な使い方を身に付けることで，危険を回避し安全に遊ぶこと，表現することにつながる。

2）厚生労働省『保育所保育指針』［第2章3（2）ア（イ）］，2017.

2）領域「人間関係」との関係

　他者の表現との相違に気付き，認めたり，自分なりの表現や創造的な表現をしたりすることは，領域「人間関係」の「自分で考え，自分で行動する」[3]と関わる。また，表現活動を行う際に材料や道具を友だちと譲り合うこと，友だちと協同して表現することは，「友達と楽しく活動する中で，共通の目的を見いだし，工夫したり，協力したりなどする」[3]と関わる。

3）厚生労働省『保育所保育指針』［第2章3（2）イ（イ）］，2017.

3）領域「環境」との関係

　表現活動の意図に沿って室内の環境を整えること，また集団での表現活動における保育者や友だちの存在は，領域「環境」に重なる。また，リズム遊びではカウントをとったり，材料を数えたり，お店屋さんごっこの看板や品物の名前を考えたり示したりする時には，数や量，文字に関心をもつことにつながる。

写真1-3　廃材を使った工作

4）領域「言葉」との関係

保育者の話を聞いて友だちと表現活動を行ったり、表現した事柄を保育者や友だちに伝える時には、言葉を使う。表現活動をするなかで、自分の思いを伝えたり、また友だちからの考えを聞いたりする時、言葉による表現を通して関わる。

（2）表現活動と5領域

子どもの表現活動について指導計画の立案をしようとする時、あるいは表現活動を観察する時、領域「表現」の視点だけでとらえるのではなく、5領域の視点をもって考えてみよう。

ここでは、ペットボトルに木の実を入れたマラカス遊びを取り上げる。

「マラカス遊び」というタイトルだけを考えると、つくるということから造形表現、音やリズム遊びの音楽表現に焦点をあててしまうが、保育者や友だちとの交わり、室内の環境や安全を考えると5領域すべてに関わる内容が含まれていることに改めて気付かされるだろう。

事例1-1　ペットボトルでのマラカス遊び　3年保育 4歳児 11月

●材料：ペットボトル、木の実、シール、ビニールテープ、折り紙、色セロハン、セロテープ等。
●内容：ペットボトルに木の実を入れ、ペットボトルの表面にシール等を使って装飾する。つくったマラカスの音を楽しみ、歌に合わせてリズム遊びをする。
●領域「健康」の視点
　・友だちと一緒にマラカスの音に合わせてからだを動かすことを楽しむ。
　・はさみやセロテープ台等の道具を安全に使う。
　・装飾したペットボトルを使って、輪投げやボウリング等からだを使った遊びを展開する。
●領域「人間関係」の視点
　・材料や道具を友だちと一緒に使う。
　・友だちとつくる方法や工夫したことを伝え合う。
　・マラカスで音を出すタイミングについて友だちと相談する。
●領域「環境」の視点
　・木の実に様々な色や形、大きさがあることに気付き、自分の表現に応じた木の実を選ぶ。
　・ペットボトルに入れる木の実の数によって、振った時の音に違いがあることに気付き、自分

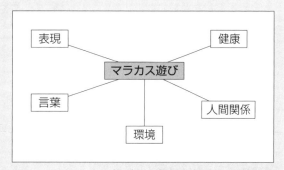

図1-3　一つの遊びを5領域の視点から考える

の好きな音になるよう調整する。
・透明な素材（色セロハン，セロテープ）と不透明な素材（折り紙，ビニールテープ）の違いや面白さを味わう。
●領域「言葉」の視点
・保育者の話を聞き，材料や手順を知る。
・自分の使いたい材料や道具について保育者や友だちに伝える。
・考えたことや工夫したことを保育者や友だちと伝え合い，自分の表現に取り入れる。
●領域「表現」の視点
・自然物の色や形，感触を楽しみ，シールや折り紙等様々な素材の組み合わせを工夫する。
・友だちと自分のつくったマラカスの視覚的，聴覚的な表現の違いを受け止め，自分の表現に取り入れる試みをする。
・友だちと一緒に音やリズムをつくり出すことを楽しむ。
・つくり出す音やリズムに合わせて，からだを使って表現することを楽しむ。

　　　表現活動の指導計画を立案する時，発達という軸だけではなく，5領域のねらい及び内容と照らし合わせてみることによって，活動のねらいや内容も総合的な視点から詳細に設定でき，子どもの様子もより多角的に想定することができる。しかし，必ずしもすべての活動が5領域に渡っていなければならないというわけではない。
　　　保育者はこうした視点をもって活動を展開していくことが望ましい。領域「表現」の観点をもちながら総合的に実践が行われる必要がある。

3　表現を育てること

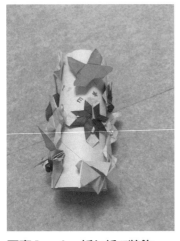

写真1－4　折り紙で装飾

　　　就学前施設で子どもが表現したり，また友だちや保育者の表現を受け止めることは，集団のなかでの貴重な経験になる。自ら表現する過程や表現したこと等を，認め共感する保育者や友だちが存在することが大切である。それにより，子どもは表現することを楽しむことができる。友だちの表現を知ることで，自分の表現との違いに気付いたり，自分の表現に取り入れることで，自己を確認するとともに他者の表現を尊重することにもつながるだろう。友だちと協力し，心を一つにして，合奏したり歌ったり，描いたりつくったり，演じたりすることで，一人では味わうことのできない調和を感じ，満足感や達成感を味わうことができる。ま

た活動のなかで,譲り合う経験もできるだろう。子どもが,一人一人表現することを楽しむこと,他者の表現を楽しむこと,協同して表現する楽しさを味わうことによって,創造性を育み,生きる力の基礎となって,生涯に渡り豊かな人生につながると考えられる。

● **演習課題**
課題1:表現遊びの指導計画を立案し,他の領域の視点では,どのような経験が期待できるか考えてみよう。
課題2:うたを歌う,絵を描く,ダンスをする遊びを就学前施設と家庭(一人または家族)で行う時,どのような違いがあるのか考えてみよう。
課題3:なぜ就学前施設で描画活動をするのか話し合ってみよう。

コラム　表現と表出

　相手に意思をもって表すことを表現，意図せずに表すことを表出と考えることができる。とはいっても，「表出は対象をその内面的生活においてとらえるのであるから，いわば『内からの表現』である」と木幡が指摘しているように，表出は表現であるという入れ子のように考えることもできる[*1]。では，保育や教育ではどのように考えられているのだろうか。生まれたばかりの赤ちゃんが面白いことがあったわけでもないのに笑ったり，4月の就学前施設の登園時には，新しい環境や親と離れる不安から子どもが泣いていたりする姿がみられる。この泣く行為は，表出だろうか，表現だろうか。

　平田は，「『表現』とは意思のある『表』と内面の変化の『現』との組み合わせであり，日常のなかの伝えたいという意思表明は『表』で，その日その時の体調や心持が微妙に変化している内面の変化が現れている『現』である[*2]。『表』は子どもに寄り添って聴く耳をもつこと，『現』は内面の変化を自分以外の人が感じ取って（読み取って）くれることで成り立つ。コミュニケーションの手段としての『表現』でもある。」と述べている。

　言語表現の研究者である土井らは，「自己表出としての表現力」と「対象に伝えるための表現力」について幼稚園，小学校，中学校に通う子どもの言語表現を見取るための指標作成のための調査を行った[*3]。その結果，教師の観点として「非言語能力」と「言語能力」の他に，それぞれについて，相手（がいる，いないに）にかかわらず表現・伝達する際にできていてほしいこと，相手を意識して表現・伝達するという点でできていてほしいこと，があると報告している。この考えは，保育や教育で考えてみると，言語表現に限らず，からだや音，色や形を用いた表現にも通じることである。子どもの発する声や言葉，行動から，それが表出なのか表現なのか，町や店等で子どもを見た時に，その状況から推測してみよう。

＊1　木幡順三『美と芸術の論理　美学入門』勁草書房，1980，p.191．
＊2　無藤 隆・柴崎正行編『新幼稚園教育要領・新保育所保育指針のすべて』ミネルヴァ書房，2009，pp.71-78．
＊3　土井 徹，他「『自己表出としての表現力』と『対象に伝えるための表現力』を見取る指標づくり」広島大学学部・附属学校共同研究紀要，2009，pp.87-91．

第2章 子どもの表現を支える保育者の役割

領域「表現」の内容の取扱い（2）では、「幼児の自己表現は素朴な形で行われることが多いので、教師はそのような表現を受容し、幼児自身の表現しようとする意欲を受け止めて、（以下略）」[1]と明示されている。本章では、この内容をふまえ、子どもの表現を「読み取る」「受け止める」「共有・発展させる」という観点から保育者の役割について理解を深める。

1) 文部科学省『幼稚園教育要領』[第2章], 2017.

　幼稚園教育要領（以下、教育要領）においてねらい及び内容は以下のように記されている。「ねらいは、幼稚園教育において育みたい資質・能力を幼児の生活する姿から捉えたものであり、内容は、ねらいを達成するために指導する事項である」[1]。ねらい及び内容については、保育所保育指針（以下、保育指針）、幼保連携型認定こども園教育・保育要領（以下、教育・保育要領）においても同じ主旨が示されている。こうしたねらい及び内容に基づく活動全体を通して「幼児期の終わりまでに育ってほしい姿」が育まれていくのである。3歳以上の保育内容5領域は、教育要領、保育指針、教育・保育要領において、ほぼ同一の内容である。子どもは段階を越えて、突然に育つわけではなく、乳児期からの育ちの連続に支えられている。こうした子どもの育ちをふまえ、子どもの表現を育むための保育者（幼稚園教諭・保育士・保育教諭をいう）の役割について事例をもとに考えてみよう。

1　子どもの表現したい気持ちを読み取る

事例2-1　ステージごっこ　2年保育 4歳児 11月

　女児4人（A児、B児、C児、D児）は、カラービニールでつくったスカートをはき、廊下に大型積木と巧技台を積み重ねてステージをつくって、アイドルごっこを楽しんでいる。その様子を見た担任保育者は、長い紙芯でマイクスタンドをつくる。すると、子どもたちは、紙を丸めてマイ

ク部分をつくり，色花紙をリボンにして飾り付ける。B児は，短い紙芯の上に紙を丸めてくっつけたものをつくり，ハンドマイクのようにしている。

写真2－1　廊下につくられたステージ

　担任保育者は，女児たちがアイドルになりきって，表現することを楽しんでいる様子を読み取り，どうしたらこの遊びをさらに発展させることができるか，瞬時に考え，マイクスタンドをつくるというアイデアを生み出した。それによって，女児たちはマイクヘッドをつくったり，マイクスタンドを飾り付けたりと，ステージごっこを発展させている。しかし，このマイクスタンドは1本のみであったため，4人が同時にステージに並ぶと，マイクスタンドの前に立てる子どもは限定されてしまう。それに気付いたであろうB児はハンドマイクを作成するという新たなアイデアを付加したことによって，マイクを自分専用にすることができた。事例2-1から保育者は，子どもの表現したい気持ちや興味を読み取り，その表現をさらに発展させるために，環境構成を工夫する必要があることがわかる。

2　子どもの表現を受け止める

事例2－2　E児（男児）の参加　2年保育 4歳児 11月

写真2－2　いい音聞こえるよ！

　E児は，トイレットペーパーの芯でつくった制作物を，ハーモニカを吹くように口にあてて持ちながら，高い声で「パパパパパ～」と歌って，女児たちのステージ前を歩いている。音楽が鳴ると，リズムに合わせて足踏みを始め，ハーモニカを吹くようにしながら，ステップを踏んでステージ前を行ったり来たりする。保育者は観客となってステージの様子を見ながら，耳に手をあて「いいねぇ～，Eくん，いい音聞こえるよ」と言葉を掛ける。

　事例2-2での保育者は，女児たちによって始まったステージごっこに，E児も参加することを受け止めている。さらにトイレットペーパーの芯でつくった制作物を手にしてハーモニカを吹くように歌いながらステップを踏む様子か

ら，E児がイメージしたハーモニカの音が，彼自身のからだのなかで響き合い，音楽のリズムにからだが共振している様子を読み取ることができる。つまり保育者は，「いい音聞こえるよ」と言葉を掛けたことによって，E児の表現したい気持ちを受け止め，保育者自身も音楽のリズムにからだが共振して，E児がイメージした音を共有していることがわかる。

3 子どもの表現を共有・発展させる

事例2-3　E児，箱太鼓をつくってステージへ　2年保育 4歳児 12月

　E児は保育室で何かをつくっている。室内でお菓子の空き箱の両端にリボンを付けている。また，割り箸の先に青い折り紙を丸めて貼り付け，細くて短い紙芯の先には赤い折り紙を丸めて貼り付けた。どうやら出来上がったものは，太鼓とそのバチのようである。E児は太鼓を首からさげ，両手にバチを持って，廊下のステージに向かう。音楽に合わせて，箱太鼓を叩き始める。保育者は観客となって，積み木をクラベス*1のようにしてE児のステージを盛り上げる。F児（男児）も積み木を持って保育者のまねを始める。G児（男児）も，保育室内でハンドマイクをつくって廊下に出てくる。積木とハンドマイクを手にして，F児と一緒にリズムを取り始める。女児たちが4〜5人やってきて，他の曲をやりたいと言い出したので，E児はカセットデッキを持って，廊下のステージから保育室内に移動する。

　E児が，小さなプラスチック製のバケツをひっくり返して底を叩く。バケツの底と箱太鼓を交互に叩いている。H児（女児）がそばにやってきて「いい音だね」と言葉を掛ける。F児は，何かを紙に書いてE児のそばに戻ってくる。担任ではない保育者がF児に向かって「すごい，それを見ながら歌うの？」と聞くと，F児はうなずく。G児も紙に何かを書いて，E児のそばに戻ってくる。紙を三角柱の形に丸めたものを右手に付けて指揮棒にみたて，左手には書いた紙を持って，指揮を振るようにE児の前に立つ。E児もそれを見ながら，バケツを叩く。

　担任保育者は，大きなお菓子の空き箱にリボンを付けて，E児の前に「イェーイ」と戻ってくる。E児は，自分の手づくり箱太鼓と見比べている。

写真2-3　G児，指揮者？

写真2-4　F児による楽譜

第2章 子どもの表現を支える保育者の役割

*1 **クラベス**
（claves：スペイン語）
ラテン音楽の楽器。堅い木の棒で，両手に持ち打ち合わせる。

事例2-3では，E児が新たにオリジナル楽器となる箱太鼓をつくることによって，ステージごっこへ没入していく様子をみることができる。保育者は，E児がつくった箱太鼓で演奏したい気持ちを受け止め，E児のもつ音のイメージを共有しようと，自分は積み木を持って，音楽に合わせて打ち鳴らしていることがわかる。そして，保育者がE児の表現を共有しようとしたことによって，保育者から今度は他の子ども，すなわちF児へとその表現が共有されていく。さらに，F児の表現がG児へと共有され，E児の表現が保育者を媒介としながら，次々と他児へ共有されていることがわかる。F児とG児は，E児の「楽器を持って演奏する」というイメージを共有し，「楽譜を書く」という新たな試みを始める。「楽譜を書く」という試みによって，E児の始めたステージごっこに新たな展開をもたらしていた。また，G児は楽譜の作成だけでなく，指揮棒も作成しており，そこには「楽器演奏のため」という明確な意図を見ることができる。つまり，保育者を媒介としてE児のイメージを他の子どもたちが共有したことによって，彼らなりに遊びのイメージを発展させていることがわかる。また，H児がE児のそばにやってきてバケツを叩く音を「いい音だね」と認めたことによって，触発されたE児は，バケツの底と自分の手づくり箱太鼓を交互に叩くことを，いっそう楽しんでいた。一方保育者は，イメージの共有だけでなく，楽器そのものも共有しようと，E児と同じように箱太鼓をつくっており，こうした表現の共有が，さらにE児のステージごっこを発展させる契機となる。

この事例2-1から事例2-3においてわかることは，以下の3点である。

① 保育者は子どもの表現したい気持ちを読み取り，子どもの興味が今どこにあるか，そのための環境構成を工夫しつつ，子どもが協同的に参加し合える環境を保障している。

② 保育者自身が子どもと関わりながら，子どもの思いや表現を受け止め，共感し，それを共有している。

③ 保育者自身を媒介として他児とも，その表現を共有することで，結果的に遊びを更に発展させることができ，子どもが遊びに集中，没入できるよう支えていた。

これが子どもの表現を支える保育者の役割といえよう。このような保育者の役割は，もちろん指導計画作成において留意すべきであり，例えば教育要領の第1章総則第4の3（7）には，「幼児の主体的な活動を促すためには，教師が多様な関わりをもつことが重要であることを踏まえ，教師は，理解者，共同作業者など様々な役割を果たし，幼児の発達に必要な豊かな体験が得られるよう，活動の場面に応じて，適切な指導を行うようにすること」[2]と明示され

2）文部科学省『幼稚園教育要領』［第1章第4　3（7）］，2017.

ており，事例 2-1 から事例 2-3 においても，保育者が良き理解者であり，共同作業者であり，様々な役割を果たしていたことがわかる。

事例 2-1 から事例 2-3 を別の視点からも考えてみたい。子どもの創り出した自発的な音楽表現の分析を通して，子どもの日常生活から生成される文化を育む場所や空間等の環境を子どもの創造性の関連から考察すると，事例 2-1 にみられた女児たちのステージごっこは，女児に限られた文化であり，一緒に遊んでいるようで，一人一人が自由な表現を楽しむ段階であった。そこにE児が手作り楽器遊びという新たな文化を付加することによって，一人一人が自由な表現を楽しむだけでなく，他児たちを巻き込んだ新たな文化を創出している。この過程において子どもたちは，他者の表現を自己のなかに取り込んだり，新たな素材を探求したり，表現したり，協同したりしている。こうした営みが子どもの音楽的創造性を育てるのである。つまり，就学前施設において，子どもたちによる文化の生成と創造性は相互に関連しつつ，発達することをみることができる[3]。

3）駒久美子「2016年度研究成果報告書『幼児の創造的・総合的音楽活動プログラムの構築』科学研究費基盤研究（C）」2017.

●演習課題

課題1：あなたが子どもの頃のエピソードを振り返り，その時の保育者の役割を考えてみよう。

課題2：学生同士で表現活動を行い，活動の振り返りを通して，子どもの表現を支える保育者の役割について話し合ってみよう。

課題3：子どもが2人でカスタネットを交互に叩き合い遊んでいる。あなたならどのようにこの遊びに関わり，発展させることができるか，考えてみよう。

コラム　子どもの表現は予測不可能？

　子ども同士の遊びの始まりに、「入れて」「いいよ」といったやりとりを耳にしたことはないだろうか。これは、一人の子どもが問い掛け、それにもう一方の子どもが答えるという、他者との意図されない協同によって成り立っている。この会話には、決められた台本や台詞があるわけではない。子どもだけでなく、老若男女だれもが即興的に行っているのである。こうした日常における多くの会話が即興的で、協同的であることに着目したソーヤー（Keith Sawyer）は、「予測不可能（Unpredictability）」と「協同（Collaboration）」といったキーワードで「即興的な会話（Improvised Conversations）」に着目している*1。

写真2-5　カスタネットで会話

　カスタネットを用いた子ども同士の即興的な会話を見てみよう。自由遊びの時間に、2人の女児（A児、B児）（2年保育・4歳児）がカスタネットを鳴らしながら、保育室から廊下へ出ていく。保育者がその後ろをついていくと、玄関ホールの横に積んである運動マットの上に座って、カスタネットを叩き始めた。A児が1回叩くと、B児も1回叩く。またA児が1回叩くと、B児も1回叩く。何度かこのやりとりが続くと、B児が突然、A児が叩く前に叩く。A児もそれに答えようとして、素早く叩くと、B児の音と重なり1音ずつの応酬が素早く繰り返される。A児からB児へのやりとりが、突然B児からA児へ転換されたことは、A児にとって予測不可能であった。だからこそ、お互いの音をよく聴き合い、それに答えようとする必要があり、そこに即興的な新たな展開が生まれたといえる。即興的な会話は、他者との協同によって創造的に生み出されていることがわかる。写真2-5の子どもたちからも、お互いをよく見て、よく聴いている様子が伝わるだろう。

*1　Sawyer, R.K., Improvised Conversations; Music, Collaboration, and Development, *Psychology of Music*, No.27, 1999, pp.193-194.

第3章 幼児期から児童期への接続

　子どもの表現活動事例をもとに「幼児期の終わりまでに育ってほしい姿」を関連付け，幼児期から児童期への学びの連続性を理解する。子どもにとって遊びは学びである。子どもは3歳，4歳と日々，主体的な遊びや，仲間や保育者との関わり等を通して表現が育まれているのであり，5歳児後半に急に育つものではないことを理解する。

1 表現する意欲を育む幼児期の「表現」

　きれいなものや不思議なこと等に出会い，心が動くことで，自分の気持ちや感じたことをそのまま声や表情や動きにして表すことが，幼児期の「表現」の特徴といえる。素朴な表現のなかには子どもが自分なりに感じた思いが込められ，自分なりに表すことの喜びが満ちている。この自分なりに表すことを十分に楽しむことが，表現することへの意欲を支える大切な土台となる。そして，この自分なりに表すことを他者に対して表現し，受け止めてもらうことで表現する意欲はふくらんでいく。友だちと一緒に表現する楽しさを味わい，やがて協同して表現の仕方を工夫しながら，創り出すことを楽しむようになっていくのである。

　自分なりに表現することを十分に楽しみ，やがて他者の表現にも触れながらより豊かに感性を働かせ表現する姿を3・4歳児の事例からみていくこととする。

（1）自分の気持ちを自分なりに表し自分のなかで楽しむ

　子どもは，様々なものを見たり触れたり，周りの人と関わったりしながら，感じたことや思ったことを，声や表情，からだの動きに表す。それは，誰かに伝えたいと思って表す場合もあるが，誰かに伝えようという思いはなく，表すこと自体が楽しくて自分一人の世界で楽しむこともある。

次の3歳児の事例でみてみよう。

> **事例3－1　スカート「フワッ」と「ヒラヒラ」が楽しい**　3年保育　3歳児　2月
>
> 　1年の幼稚園生活も間もなく終わろうとする2月。A児（女）は，自分でつくった色とりどりの紙テープがたくさん付いた髪飾りを被り，ままごとコーナーにあるピンクのスカートを選んではいた。そして，くるっと回ってみる。スカートがフワッと広がり，長い色とりどりの紙テープが付いた髪飾りがヒラヒラと揺れる。A児はまたくるっと回る。やっぱりスカートがフワッと広がり，髪飾りもヒラヒラと揺れる。A児は何度もくるっと回ることを繰り返す。誰と話すこともなく40分もの間，くるっと回ることを楽しんでいた。

　A児は自分でつくったヒラヒラがたくさん付いた髪飾りを被り，ピンクのスカートをはくことで，かわいい女の子になったうれしい気持ちを，くるっと回って表現しているのであろう。回るたびにスカートがフワッとふくらみ，長い髪飾りがヒラヒラとなびいたりすることでかわらしい女の子の気分が高まり，とてもいいことを思いついたうれしさもあるに違いない。3歳児といえども一人で40分も回ることを繰り返しているのは珍しい姿ではある。しかし，A児はこの表現ができることがうれしくてたまらなかったのであろう。誰かに見せたいというよりも，自分のなかで心ゆくまで楽しんでいる姿である。

　このように，自分の感じたことを自分なりに表すこと，そしてその楽しさをたっぷりと味わうことが幼児期には大切である。自分で思いついたことを表現する喜びや楽しさは，もっと表現したいという意欲を支える。幼児期の，特に初期においては，方法や技能や出来栄えではなく，子どもが自分の気持ちのままに表して楽しむことを十分に味わえるようにすることが大切である。

（2）自分なりの表現を他者に対して表現することを楽しむ

　子どもは保育者（幼稚園教諭・保育士・保育教諭をいう）や友だち等人との関わりのなかで，自分なりに表して楽しんでいることを，他者に対しても表してみようとするようになる。保育者は自分なりの表現を他者に対して表そうとする意欲の芽生えを見逃さずに援助することが大切である。事例3－1のA児のその後の姿からみていくことにする。

> **事例3－2　「ウサギ運動会」を応援するきれいなお姉さんになる**　3年保育　3歳児　2月
>
> 　A児が踊っている近くで，B児（女），C児（女），D児（女）たちがウサギのお面を被り，丸いしっぽをつけてピョンピョン飛び跳ねて遊んでいた。そのうち劇遊びに使った草を3列並べて，ハードル跳びのようにピョンと両足で飛び越える遊びを思いつき，「ウサギ運動会ね」と言って競争を始めた。ウサギたちがピョンピョン競争を始めると，E児（女）が，楽器置き場からスズ

を持ってきて鳴らし，チアリーダーになって「ウサギ運動会」の応援を始める。その時，A児はちらっとそちらを見て近付こうとするような素振りをした。保育者はA児に，「応援するきれいなお姉さんになるの？」と，さりげなく言葉を掛けるとA児はうなずき，みんなのところへ行き，みんなのなかで「くるっ」と回る踊りを繰り返し楽しんでいる。

　A児はくるっと回る踊りを一人で楽しんでいたが，「ウサギ運動会」やE児たちの楽しそうな遊びに気付き目を向けた。何も言わず，ただ友だちの方を見て近づきたそうな素振りからは，一緒に「チアリーダーをしたい」「Eちゃんと踊りたい」等とは思っていないと思われる。友だちの楽しそうな雰囲気に惹かれて，友だちのいるところで一緒に踊ってみたいという気持ちが芽生えたのであろう。保育者は，A児のこの気持ちを受け止め「応援するきれいなお姉さんになるの？」という言葉を掛け，友だちへの橋渡しをしたのである。
　「チアリーダーになるの？」でも「Eちゃんと一緒に踊るの？」でもなく「応援するきれいなお姉さんになるの？」という言葉掛けが，ここでは大切な援助になる。なぜならば，A児はまだ，自分のくるっと回る踊りを楽しんでいて，それを楽しみたい気持ちと，友だちと関わりたい気持ちと両方をもったのだと考えられるからである。であれば，その両方がかなう援助が必要になる。その援助が「応援するきれいなお姉さんになるの？」という言葉掛けである。A児はきれいなお姉さんになった気持ちをくるっと回って表現することと，友だちと同じ場所で踊る楽しさと，両方を楽しむことができたのである。
　そして，この保育者の言葉掛けは当然B児，C児，D児のウサギたちも，チアリーダーのE児も聞いていたはずである。そして，A児も仲間に入ったことを理解すると同時に，A児はA児なりの，自分たちは自分たちなりの表現を楽しむことを大切にされていることを理解したはずである。自分なりの表現をしながら友だちと同じ場で遊ぶ楽しさを味わうことにつながっていくのである。

（3）異年齢との交流を通して，魅力的な表現に触れることで表現する意欲がふくらむ

　子どもたちは，自分なりに表現したり，友だちと一緒に表現する楽しさを味わったりしながら，自分とは違う様々な表現にも関心をもつようになる。そして，自分にはない魅力的な表現に触れることで，表現したい意欲はより高まっていく。集団生活のなかでは，異年齢の子ども同士の遊びが自然に交流することで，憧れの気持ちをもち，表現したい気持ちにつながることがみられる。
　5歳児のお店屋ごっこに招かれた後の4歳児の姿からみていくことにしよう。

事例3-3　おしゃれ屋さんで〜す　2年保育 4歳児 2月

写真3-1　ファッションショー屋

F児（女）は年長児のお店屋ごっこに招かれ，「ファッションショー屋さん」のお客になった。白雪姫やシンデレラのような素敵なドレスが並んだクローゼットから好きなドレスを選び，ティアラや指輪もつけてもらう。音楽に合わせてランウェイ（舞台）を歩き，ターンをして戻ってくるとF児はうれしそうに笑顔をみせた。

数日後，F児は「先生，おしゃれ屋さんやりたい」と言い，保育者に手伝ってもらいながらピンクのカラーポリ袋でスカートをつくった。そして出来上がると，ピンクの画用紙に鉛筆でハートを描いて切りとり，セロハンテープでスカートに貼った。G児（女）とH児（女）も「私もほしい」とやってきた。G児は水色のハートをつくり，京花紙[*1]でリボンもつくってハートの上に貼った。3人はハートやリボンがいくつも付いた可愛いスカートが出来上がると，それをはいて廊下からテラスの方まで歩き，途中の少し広い玄関ホールでくるっとターンして笑い合った。

*1　京花紙
（きょうはながみ）
花びらのようにきわめて薄い和紙で，色のバリエーションも多い。幼稚園等では工作等で使用されることが多い。

F児たちは，これまでも保育者がつくってくれたカラービニール袋のスカートをはいて遊んでいた。しかし，年長児の「ファッションショー屋さん」を経験したことで，自分でも素敵なドレスをつくってみたいという気持ちをもったのだろう。憧れの気持ちは，より魅力的なものを表現したいという意欲へとつながっていく。そして，それはG児，H児も同じ気持ちであったに違いない。しかし，ここでF児たちが憧れているのは，単に素敵なドレスだけではない。もちろん，素敵なドレスも，それを着て音楽にのってランウェイを歩いてターンしたりすることもとても魅力的なことではあっただろう。しかし，F児たちが心惹かれているのは，このような素敵なことを自分たちの力でつくりあげ，わくわくしている年長児の姿そのものに対しての憧れだろう。自分の思い通りに表現して楽しむ姿に大きな憧れを抱いていたのだと考えられる。だから3人は，それぞれに自分なりの表現を工夫し，その過程を楽しみ，印象的だったランウェイでターンするという遊びを取り入れながら，自分たちの遊びとして楽しんでいるのである。単に「ファッションショー屋」の真似ではなく，自分の思いを表現する喜びや楽しさに憧れ，自分たち独自の表現として楽しんでいる姿なのである。

異年齢との交流活動の意義は本来ここにある。交流活動が行事や保育者側の計画の中で，行為だけをまねるのではなく，本気で遊ぶ充実感が響き合うことが大切である。子どもたちの日常の遊びが，「『出会い』と『憧れ』と『響き合い』の巡る環境」[1]になることが大切なのである。

1) 平成25・26年度江東区立教育委員会研究協力園「わくわく遊ぶこどもを育てる」〜こどもの姿から遊びの魅力を読み取ることで生まれる援助の工夫〜江東区立東砂幼稚園研究集録，2014，p.34.

2 「幼児期の終わりまでに育ってほしい姿」から読み取る5歳児後半の表現

3歳児，4歳児で自分なりに表現する喜びを味わい，表現への意欲が育まれた子どもたちは，5歳児になるといよいよ自信をもって表現を楽しむようになる。友だちと様々な素材を使いながら表現を工夫し，試行錯誤しながらつくる過程を楽しみ，豊かな感性とともに，表現する喜びも意欲も更に育っていく。

幼稚園教育要領（以下，教育要領），保育所保育指針（以下，保育指針），幼保連携型認定こども園教育・保育要領（以下，教育・保育要領）では，幼児期に育てたい3つの資質・能力と，実践における幼児の具体的な姿として，10の姿が「幼児期の終わりまでに育ってほしい姿」として示された。これは，幼児期の教育の最終の姿であり，小学校教育へ接続する姿として示されたものである。幼児期の終わりの子どもの姿から，こうした育ちを読み取ることが重要になったのである。

そこで，5歳児後半の「エルマーのぼうけん」の劇つくりに取り組む子どもたちの姿から，これらの育ちを読み取ってみることとする。

事例3－4　子ども会でやる劇を相談して決める　2年保育 5歳児 11月

「子ども会」が近付き，どのような劇をやりたいか学級のみんなで相談することになった。キリン組で発表する劇は3つで，劇ごとに3つのグループに分かれて行う。

I児（男）が「『エルマーのぼうけん』がいい！」と言うと，「いいね！」と声があがる。J児（男）「『忍たま乱太郎』がいいよ」。K児（女）「男の子のばっかりじゃいやだ」。L児（男）「じゃ，何がいいの？」。K児「アリエルとか」。L児「え〜。女ばっかりじゃん」。M児（男）「忍者は女の忍者もいるよ」。J児（男）「わんぱくだんとかね」。I児（男）「『エルマーのぼうけん』だって，トラとかサイとかメスだっているじゃん」。N児（男）「そうそう」。

保育者が「どれも楽しそうだけど，どうやって決めたらいいかな」と言うと，J児が「じゃ，多数決にしようよ」と言う。K児「いやだ。男っぽいのばっかりだったら嫌だもん」。I児「じゃ，男の子も女の子も楽しいやつにしようよ」。

みんなが賛成し，「エルマーのぼうけん」と「わんぱくだん」，「ブレーメンの音楽隊」に決まった。

子どもたちは，自分の考えをいきいきと主張し合っている。保育者も仲間に入ってはいるが，子どもたちは自分たちが子ども会をやりたくて，自分たちで話し合って決めようとしている。この"自分たちで"のところが，「育ってほ

しい姿」から見ると「（2）自立心」の育ちと読み取ることができる。しかし，言葉で話し合っているという点では，領域「言葉」のねらいや内容の育ちを読み取ることができる。自分の考えを言葉で表現する，人の話を聞き相手にわかるように話す，必要な言葉がわかって使う等が育っているからこそ，この話し合いは成立するのである。また，領域「表現」の内容には「言葉での表現」というものが入っており，「表現」の領域とも関係している。つまり，5領域に示されているねらい及び内容が総合的に育った姿が，「幼児期の終わりまでに育ってほしい姿」になっていくのである。

子どもたちのこの話し合いからは，自分の考えを言葉で表現する力を身に付け，友だちと活発にやりとりをしながら，自分たちの目的に向かって，自分たちの力で進めていこうとする姿が育っていることが読み取れるのでる。

事例3－4では，領域の内容にも触れながら説明したが，事例3－5からは「幼児期の終わりまでに育ってほしい姿」だけで読み取っていくこととする。

事例3－5　エルマーが出てくる合い言葉を決めよう　2年保育　5歳児　11月

劇の練習は，好きな遊びの時間をつかって劇のグループごとに順番に行うことになった。「エルマーのぼうけん」をする子どもたちは，役を交代しながらみんなが全部の役をやってみることにした。

O児（女）とP児（女）はライオン役になり，お腹がすいたように動いている。そこでエルマー役のQ児（男）に出会い，櫛をもらう。しかし，髪をとかした後どうすればいいのかわからなくなってしまう。話が進まなくなり，エルマー役のQ児もだんだんふざけ始め，R児（男）は「まじめにやれよ！」と言う。

保育者が「いい方法がないかな」とみんなに投げ掛け，しばらく考え，S児（男）が「合い言葉があったらいいんじゃない」とアイデアを出す。「いいね！」と，みんなが賛成し，「猛獣狩りにいこう」のリズムで合い言葉をつくることになった。

子どもたちがつくった合言葉は「♪どんどこどこどこ　どんどこどん　りゅうをたすけにいこうよ　こわくなんかないさ　いろんなどうぐをもってるもん　ぼくは，かしこいえるまーだ！！♪」であった。

合い言葉が出来上がるとさっそく動いてみる。みんなで合い言葉を歌うと，それが合図でエルマーが登場し，お話が進むようになった。みんなのセリフがだんだん大きくなり，動きも堂々としてして，役になりきって楽しむようになった。

子どもたちは，お話のなかで一番スリル感があり，わくわくするはずのところで盛り上がらず，つまらなくなるという問題にぶつかった。5歳児に進級した当初であれば，互いに自分の主張をするだけで，遊びが壊れてしまいかねないような場面である。しかし，子どもたちは，自分たちの力で解決しようとみ

2 「幼児期の終わりまでに育ってほしい姿」から読み取る5歳児後半の表現

んなで考えを出し合い乗り越えていこうとする。このみんなで力を合わせて問題を解決し、やり遂げていこうとするころは、「幼児期の終わりまでに育ってほしい姿」の「(3) 協同性」の育ちと読み取ることができる。

　また、合い言葉を決めるときには、「エルマーのぼうけん」のイメージに似合うものは何かを考え、アイデアを出し合い、「猛獣狩りにいこう」のリズムを選択している。よりエルマーらしい素敵な合い言葉にしようというみんなの思いが込められ、友だちと一緒に工夫しながら合い言葉をつくる過程を楽しんでいることが伝わってくる。ここからは「幼児期の終わりまでに育ってほしい姿」の「(10) 豊かな感性と表現」が育っていることが読み取ることができる。

事例3－6　本当に乗れる「りゅう」をつくろう　2年保育　5歳児　11月

　りゅう役のQ児は、お話のクライマックスで、エルマー役のG児をおぶって逃げようとして転倒してしまう。Q児は「本当に乗れるりゅうにしようよ」と言う。みんなも賛成し、本当に乗っても倒れないりゅうをつくることになった。

　どのような材料なら乗っても壊れないのか、いろいろ考えた末、ゲームボックスが一番よさそうだということになる。必要な数や組み立てる形を考え、ネジで固定した。長い首や顔はちょうどよい大きさや長さのダンボール箱を選んで組み合わせてつくった。最後に青い模造紙でりゅうのからだ全体を包み、黄色の模造紙で縞模様を付け、保育者に台車を準備してもらい、その上にりゅうを乗せた。りゅうが動きだすと、子どもたちは歓声をあげ、交代で引っ張って遊んだ。そして、さっそく劇をしてみることになった。みんなが張り切って演じていると、楽しい雰囲気は、他学級や年少組にも伝わり、みんながりゅうを触りにやって来た。

写真3－2 「エルマーのぼうけん」のりゅう

　子どもたちは、自分の力でやり遂げる経験をして自信をもつと、もっとできる、もっとやりたいと、さらに難しいことにも挑戦するようになる。みんなで一緒に様々な困難を乗り越えやり遂げる経験をしてきた子どもたちにとって、「本当に乗れるりゅうをつくる」というQ児の提案は、より大きな目標に挑戦することであり、わくわくすることであったに違いない。この、自分の力を信じ、充実感をもちながら十分に心とからだを使って、自分のやりたいことに向かって挑戦する姿は、「幼児期の終わりまでに育ってほしい姿」ならば「(1) 健康な心と体」の育ちを読み取ることができる。自信と充実感に満ち、自分たちの生活を自分たちで進めていく姿である。しかし、この育ちは、どうしても、「(1) 健康な心と体」の育ちからだけでは語れない。挑戦しやり遂げる姿

はまぎれもなく,「(2)自立心」の育った姿であり,それが一人の力ではなく友だちと一緒だからこそできるのであり,やり遂げる喜びや達成感もより大きくなる。つまり,「(3)協同性」の育ちも共に育っていることが読み取れるのである。

また,様々な素材を使いながら,自分たちのイメージしたりゅうを制作する過程では表現する楽しさや喜びがあふれ,「(10)豊かな感性と表現」の育ちを読み取ることができるだろう。そして,その表現を楽しむためには,子どもが乗っても壊れないような材料を選び,必要な数,つくり方を考えることが必要になる。保育者の力も借りながらではあるが,子どもたちは材料の性質や数,図形など5歳なりの知識及び技能を駆使しながらつくり上げている。ここは「育ってほしい姿」の「(8)数量や図形,標識や文字などへの関心・感覚」の育ちを読み取ることができる。

「エルマーのぼうけん」の劇つくりという表現活動の一事例ではあるが,子どもたちがつくり出す表現のなかに,「幼児期の終わりまでに育ってほしい姿」をいくつも読み取ることができた。それは,幼児期の「表現」が子どもの自主的な遊びを通して心の育ちや友だちとの関わり,言葉や数,図形への知識等と関係し合いながら育っていくものだからである。3歳児,4歳児,5歳児と,その時々に必要で豊かな経験が十分になされ,5領域の内容が結実していくことで,「幼児期の終わりまでに育ってほしい姿」は育まれていく。

3 幼児期の「表現」から児童期への学びの連続性

教育要領,保育指針,教育・保育要領において,「幼児期の終わりまでに育ってほしい姿」は3つの資質・能力とつながっていると押さえられ,かつ,小学校以上の学習につながる姿として示された。すなわち,「幼児期の終わりまでに育ってほしい姿」が小学校直近の5歳児後半の子どもの姿に読み取れるならば,小学校へのスムーズな接続につながるといえる。

2節では「エルマーのぼうけん」の劇つくりに取り組む子どもたちの姿から「育ってほしい姿」を読み取った。「表現」に関わる項目からみれば「(10)豊かな感性と表現」の育ちを読み取ることができる。しかし,同時に,他の項目の育ちも読み取ることができた。それは「表現」の項目だけが単独で育つものではなく,5領域に示されたねらい及び内容が総合的に育ったものだからである。つまり,3つの資質・能力は5領域のすべてのねらい及び内容が結実する

ことで育ち，その具体的な姿が「幼児期の終わりまでに育ってほしい姿」であり，小学校へと接続する子どもの具体的な姿であるとしているのである。すなわち，幼児期に劇をやっていれば小学校の劇的活動のところにつながり，りゅう（事例3-6）をつくったことが図画工作につながるというように，小学校の教科と直結しているものとして読み取るものではないということである。幼児期に育まれた豊かな感性や表現する意欲は，小学校以降の音楽や図画工作などの表現の基礎となっていくと共に，自分の気持ちや考えを，自信をもって表現するという学習全般の素地となっていくものなのである。

幼児期の教育の最終の姿として示された「幼児期の終わりまでに育ってほしい姿」は，小学校のすべての学習につながるものであり，小学校への学びの連続性を示したものなのである。

● **演習課題**
課題1：子どもが自分なりに表現して楽しむ姿について，実習等の経験をもとに話し合ってみよう。
課題2：5歳児後半の具体的な「表現」の姿から，「幼児期の終わりまでに育ってほしい姿」を読み取ってみよう。
課題3：幼児期の表現が児童期へどのように連続するのか考えてみよう。

● **参考文献**
入江礼子・榎沢良彦編著『保育内容「表現」』建帛社，2007.
津守 真『子どもの世界をどうみるか』NHK出版，1987.
平田智久・小林紀子・砂上史子編『保育内容「表現」』ミネルヴァ書房，2010.

コラム　保育を記録すること

　保育者にとって保育が終わった後に，一日を振り返り，子どもたちの姿を思い起こしながら，子どもたちが何を考え，どのように感じ，何を願っていたのかをとらえることは大切なことである。保育中には夢中で過ぎてしまって，ゆっくりと考えることなどできなかった一人一人の子どもの内面理解へとつながっていく。そしてその理解は，明日の保育実践の基となるのである。

　次に，「エルマーのぼうけん」の劇つくりに取り組む過程の記録（5歳児）から，子どもたちの変容と保育者の援助について見てみよう。

【11月X日】
　いつもB児についていくだけだったA児が，初めて自分から動いていた。ワニになって長くつながるところを楽しむ様子が見られる。しかし，教師が促してもう一度みんなでやってみると，つまらなそうになってしまう。
　教師が引っ張りすぎたことでつまらなくなってしまった。もっと，子ども自身の動きを認めていくことが大切。教師も楽しむ心の余裕が必要である。

【11月Y日】
　それぞれにがんばっている様子はみられるが，教師を気にして様子をうかがう子どもが多い。まだ自信がもてていないのか。セリフが増えすぎたのか，次の言葉が出てこない子も目立つ。しかし，A児とB児は，照れながらも楽しそうに演じている。ほめよう！　みんなにも伝えていこう。そして，楽しい雰囲気と流れをしっかりつくり，子どもが楽しんで動いていけるようにしよう。

【11月Z日】
　A児は，一緒にやるB児が欠席だったが，一人でがんばる。劇の流れやセリフもよく理解していて大きな声で言っていた。みんなも，自分たちで時間に集まり，言葉を掛け合って進めていた。担任が遅くなり，「先生！遅刻！」と担任を叱る姿も…。ちゃんと意識がもてるようになってきている。自信ももててきた。

　下線部分は子どもの姿，波線部分は保育者の子どもの姿の読み取りや自分自身の援助に対するとらえ，そして明日の援助の方向を示している。子どもの姿から思いや育っていること，あるいは課題を読み取り，それと保育者自身の指導との関係をとらえ，明日の援助へとつないでいることが読み取れる。そして，それが，毎日積み重ねられるなかで，子どもの変容や子どもの育ちに沿って援助のあり方もとらえることができる。

　子どもの内面を読み取り，理解し，必要な援助をするということは高い専門性を要する。しかし，毎日ていねいに記録を重ね，それを他の保育者にも話し，他の保育者の考えに触れながら自分の考えを再構築することで，子どもの内面の理解や読み取りはより深まっていく。それは，保育者としての指導力を高めるために欠かすことのできない営みである。そして，具体的な子どもの姿から「幼児期の終わりまでに育ってほしい姿」を読み取る力は，日々の子どもの姿をていねいに読み取るなかで培われていく。

第4章 環境が紡ぐ表現

　子どもたちが日々表現する遊びの環境，その環境を「時（時間）」「空間」「もの」という3つの視点から読み解いていく。環境は，保育者の願いや子ども観によって構成されるだけでなく，子ども自身が想像したり，創造したりしながら環境と関わって，初めて子どもにとって意味のある環境となっていくことを理解する。

1　時が紡ぐ表現

　ものの5分の出来事が，まるで何時間にも感じられたり，または，何時間もかかっていたのにあっという間に過ぎ去ってしまったように感じたことはないだろうか。前者は特に何か辛い訓練や練習をやっている時，後者はとても楽しくて熱中して遊んでいる時に経験したことがあるだろう。では，とても楽しかったのに，何時間もの出来事であったかのような感覚を感じられることはあるだろうか。

事例4-1　運命の再会

　ある保育者養成校での出来事である。ひょんなことから大量の外国語の絵本が手に入った。しかし言語はバラバラで，ほとんどが英語ですらない。読み上げることができないので読み聞かせの練習に使うこともできず，併設の親子教室に贈ることもできない。そこで，これらの絵本を使って，学生に絵本の絵からお話をつくってもらうことにした。
　ある学生が，絵描きが描いた鳥が動き出す様子の描かれた絵本を見て，「運命の再会」という物語をつくった。筋書きはこんな風だ。絵描きは鳥の絵を描いて，それをとても気に入り，それだけは売らずに自分の手元に置こうと思っていた。しかし知り合いの金持ちが現れて，大金を置いて無理やり絵を買っていってしまう。実は，絵に描かれた鳥には意志があった。絵描きのもとにいたかった鳥は，自分が絵から抜け出して動くことができることに気付く。鳥は金持ちの目を盗んで絵から抜け出し，家を越え，花畑を越え，動物園を越え，途中多くの動物たちに助けられ

第4章　環境が紡ぐ表現

> ながら，絵描きの元へ帰り着く。絵に描いた鳥が実際に抜け出すと思っていなかった絵描きは驚くが，喜んで鳥を迎える。
>   この物語を，学生のグループが演じた。最後に鳥と絵描きが出会う場面で，鳥はとても喜び，絵描きは驚きと喜びの入り混じった様子で，ひしと抱き合った。

　短い物語で，やってみると10分程度で終わるのだが，授業担当者はこの劇のラストシーンを見ながら，劇は本当に10分で終わるのかと授業の残り時間を少々心配し，確認した。まるで何年分もの大冒険をしてきたような感覚に感じたのだ。

　このような経験は，劇を観たり行ったりしているときだけでなく，何か状況を設定して行う遊びにおいてもあり得ることではないだろうか。以下ではこのことを，時間に着目して考えてみることにしよう。

　この「何年分もの大冒険とした時間感覚」というのは，この劇の物語の構造がもっている時間である[*1]。物語というのは，複数の出来事が時系列と関係を与えられたときに成立する，出来事のまとまりである。例えば，以下のような5つの出来事の羅列を考えてみよう。

① ある日，おじいさんとおばあさんはそれぞれ仕事に行くために家を出る。
② おばあさんは仕事先の川で桃が流れてくるのを見つけ，拾って持って帰る。
③ おじいさんとおばあさんが家で桃を割ると，なかから男の子が出てくる。
④ 男の子は立派に成長し，以前から村を困らせている鬼を退治しに出かける。
⑤ 男の子は鬼を退治して帰り，おじいさんとおばあさんと幸せに暮らす。

　極めて有名な昔話を簡略化したものだが，①から⑤の順番に出来事が発生し，それぞれが何らかの関係で結ばれている。このような構造で説明できる複数の出来事の連なりを物語という。

　この物語は，すでに多くの人が絵本にしたりアニメーションにしたりしてい

*1　このことについて考えることを物語論という。もし関心があれば，野家啓一他『現代哲学の冒険（8）物語』岩波書店，1990. が入門書として読みやすい。

写真4－1　鳥と絵描き

注）鳥と絵描きの最初の場面と最後の場面。たった10分の隔たりであり，かつ見た目も大きくは変わらない。しかし，そこに物語が介在すると，長い時間の隔たりを感じることができる。

る。その語り方は様々だが，どれも時間はそんなに長くはかからないだろう。しかし，この有名な物語は，出来事の時系列でみると，年単位の時間をもっているということも，理解できるだろう。

　私たちは日々，たくさんの物語に囲まれて暮らしている。物語を提供する媒体は，絵本，紙芝居，映画，アニメーションなど様々だ。そして物語を劇化してみたり，誰かが行ってくれるのを観たりすることによっても物語を体験できる。

　そのような生のからだを介して提供される物語を体験することは，一方的に物語を与えられることとは異なる効果をもっているように思われる。なぜなら，このような物語を自らのからだを通して経験することのできるような活動においては，その物語のなかに流れる時間がそのまま自分の時間になるからだ。自分自身がその物語の登場人物になったり，語り手になったり，または冒頭の授業担当者のように，目撃者になったりして，物語のなかに流れる時間を自分の時間として感じることができるのだ。実際の客観的な時間はほんの数分であったとしても，物語のなかでは何時間にも何日にも，何年にもなる。絵に描いた鳥が，絵から抜け出し，家を越え，花畑を越え，動物園を越え，途中多くの動物たちに助けられて，やっと絵描きに会うことができた喜びを目撃するというたった10分間は，この物語のなかで経験されることによって，まるで何年もの時間をかけてしてきた冒険の経験として体感されるのである。

2　空間が紡ぐ表現

　1節で述べた生身の経験についてさらに少し考えてみたい。ここでは生身の経験としての演劇について過去の論者たちがどのようなことを考えてきたかが参考になる。ここで，演劇とは何かを端的に説明した有名な一文を紹介しよう。

　「どこでもいい，なにもない空間——それを指して，わたしは裸の舞台と呼ぼう。ひとりの人間がこのなにもない空間を歩いて横切る，もうひとりの人間がそれを見つめる——演劇行為が成り立つためには，これだけで足りるはずだ[1]。」

　ブルック（Peter Brook）はここで，演劇に最低限必要なこととは，空間，何か行為をする人，それを見る人である，ということを指摘している。表現にはそれを受け止める誰かが必要なのだ。演劇は具体的な成果物を残すことができない。演劇の表現は常に流れる時間と共にあり，動き，感じる自分自身と共に

1）ピーター ブルック，高橋康也・喜志哲雄訳『なにもない空間』晶文社，1971，p.7.

第4章 環境が紡ぐ表現

あり，表現が成立した瞬間に流れ去ってしまう。表現する者が演技をする者ならば，その瞬間にその空間を共有し，見届ける者が必要なのである。

実は，ブルックがここで指摘していることは，演劇は共有できる空間と演技する者，見届ける者がいるだけで成立するはずであり，その共有された空間に本当に何もないことなどなく，何かが紡がれていくということである。私たちは舞台上であれ，生活空間であれ，そこにあるものから様々なインスピレーションを得る。もし本当に何もない，仕切りも何もない空間が延々と続いていたら，そこで空間を活用した遊びを展開するのは難しいだろう。

次に，遊びや表現が展開する空間について考えてみよう。

例えば1本の木や，遊具，ベンチ，池，砂場等，そこに何かがあると，そこから遊びも表現も広げやすくなるということは，想像に難くない。園庭に1本の大きな木が生えていれば，そこから様々な可能性が広がる。木に縄跳びをくくりつけて跳んでみたり，木を秘密基地に見立てておもちゃを隠してみたり，遊び「だるまさんが転んだ」をするための起点にしたりするだろう。また，空間を構成する何か，というのは，木や石のような具体的な物質だけではない。例えば音はどうだろう。楽器やラジカセ等から音が出ていて，その音が届く範囲において遊びが展開することもある。

確認しておかなければならないことは，この「空間」は，無限に広がるものではないし，また物質や音によって物理的に規定されるものでもないということだ。同じ木の周りで遊びが展開していたとしても，その範囲は，誰が，いつ，何をして遊ぶかによって異なる。同じことが音にもいえる。同じ大きさである空間に同じ音楽を流していたとしても，その音が狭い範囲で楽しまれていることも，広く影響力をもつこともある。

では，「空間」は何によってつくられるのか。このことについて考えるために，劇場空間における眼差しについて考えたフィッシャー＝リヒテ（Erika Fischer-Lichte）の論考を確認してみよう[2]。フィッシャー＝リヒテは，舞台上の俳優と，客席の観客が，同じ時間，同じ空間に集い，お互いに影響を及ぼし合うことによって演劇が成立すると考えた。つまり，劇場空間を規定しているのは，建物としての劇場だけではなく，そこに関わる人々のお互いの眼差し＝その空間に漂う空気を共有しているというお互いの意識である，ということだ。そして，この眼差しは様々なものの影響を受ける。そこで起こっていることだけでなく，その日の体調や天気等，前もって想定することのできないような不確定な要素が，その眼差しに影響する，というのが，フィッシャー＝リヒテの主張である。

この考えを子どもたちを保育する空間に展開して考えてみよう。保育を展開

2）エリカ フィッシャー＝リヒテ『パフォーマンスの美学』論創社，2009.

するうえで，保育者（幼稚園教諭・保育士・保育教諭をいう）が前もって準備できることはたくさんある。空間を構成するものや音を用意することは，もちろんできる。しかし遊びや表現の空間をつくり上げるのは，最終的にはそこで遊び，表現する子どもたちである。フィッシャー＝リヒテの考えにのっとれば，その空間がどのような質のものになるかは，実際に子どもたちが遊びを展開し始めるその瞬間までわからないだろう[*2]。空間を構成する子どもたちの意識は，様々なものの影響を受けて変化するので，保育者がすべてを前もって準備して，子どもたちが保育者の期待通りに遊びを展開することなどあり得ないということだ。

しかし，このような前もって予想できない不確定な要素にこそ，表現の可能性が秘められている。前もって予想できない，未知の何かを見たり，聞いたり，感じたりした時に，私たちは想像力をかきたてられ，そこから新しい何かを生み出すこと＝表現することも，また可能なのである。

＊2　だから準備など無駄だという意味では決してないので，誤解のないように。

3　ものが紡ぐ表現

日常生活のなかで全く見たことのないものは，未知の何かでしかなく，それは恐怖の対象にはなっても想像のきっかけにはなりにくい。想像のきっかけになる見たことがない何かというのは，どこか，見慣れた日常との接続という親しみも感じさせるものである。

見たことがないものでありつつ，見慣れた日常との接続を感じさせる出来事として，事例4-2の学生の表現を例にして考えてみよう。

事例4-2　ボールってね

ある保育者養成課程の授業における，また別のグループでの出来事である。ボールが投げられたり，海を漂ったりする絵の描かれた絵本から，ボールが島と島の間を旅する物語が生まれた。それを演じることにしたグループは，直接ボールを使うのではなく，自分たち自身がボールを演じることでその様子を表現しようとした。しかし，2本の腕，2本の足のあるからだでは，なかなかボールらしい動きにならない。困っているところへ，部屋の片隅にあったフープが目に入った。ボール役の2人はフープのなかに入って，この物語のボールを演じてみることにした。

写真4-2　ボールとして登場

この物語は「ボールってね，丸いんだよ」という言葉で始まるものだった。

第4章　環境が紡ぐ表現

写真4-3　ボールとして動く

注）フープをボールとして扱っているわけではないが，フープとボールを演じるからだが重なり合って，ボールが意志をもっているように見えてくる。

＊3　このことについてさらに知りたければ，クリスティアン ビエ・クリストフ トリオー『演劇学の教科書』国書刊行会，2009.が参考になる。

フープは円ではあるが球ではないので，これは直接的にボールを模したものというわけではなかった。しかし確かに「丸い」ものではあるフープという表現のきっかけになるものを得て，ボール役を演じた学生はフープをつかんで走ったり，転がったりしながら，劇中の子どもや鳥，波や魚に翻弄されるボールの様子とその気持ちを表現した。

　授業担当者はこの場面を見ながら，これは確かにボールそのものではないけれど，フープと，それを演じた学生が重なりあって，まるでボールが意志をもって喜んだり，驚いたりしているように見えた。実際のボールはそこにはないにもかかわらず，である。

　この「実際にはそこにない」ということが，表現について考えるうえで重要なポイントである。実際にそこにあるのは，普段見慣れた遊び道具としてのフープでしかない。しかし，そこに物語が付され，それを表現しようとする学生の意志と，そこから何かを受け取ろうとする授業担当者の意志——これを良心[＊3]と呼んでもいいかもしれない——が重なったとき，実際にはそこにない「意志をもったボール」が立ち現れる。

　子どもたちの就学前施設（幼稚園・保育所・認定こども園をいう）での生活のなかには，このような「実際にはそこにないもの」が立ち現れる瞬間がたくさんある。このような瞬間は注意して見ていないと見逃してしまうが，見つけることができれば，それは保育者にとってもとても楽しい発見の瞬間である。事例4-2のように，普段見慣れたもの（フープ）が普段とは異なる使い方をされている瞬間には，そのような「実際にはそこにないもの」を見つけ出すヒントが多く隠れている。

　例えば，雨に濡れたビニールシートを，晴れた翌日に園庭の滑り台に掛けて乾かす，というような状況を考えてみるといい。ビニールシートは普段，地面に敷いたり，土足で部屋にあがるために部屋に敷いたりして使うものだ。それが滑り台の上に掛けられている。普段とは異なるビニールシートの様子から，様々なことを想像して遊ぶことができるだろう。滑り台の下に潜り込んでみると，ビニールシートから日差しが透けて光のトンネルに見えたり，ビニールシートから滴り落ちる水滴がまるで生きている水玉が追いかけっこをしているように見えたりする。

　このように「実際にはそこにないもの」が見つかったら，次に考えるのはそれをどのように楽しむかである。学生の事例は発表におけるものであったのでフープをボールに見えるように表現するという方向付けがあらかじめなされて

いたが，子どもたちの生活のなかにある発見においては，条件によって様々な楽しみ方がある。光のトンネルを夢の世界への入り口に見立ててみたり，水玉の追いかけっこをまねしてみたりすることによって，想像の世界が広がっていく。

　この想像の世界を広げるということが，「実際にはそこにないもの」を最大限楽しむためには重要である。「実際にはそこにないもの」を発見する力とは，まさに子どもの想像力なのだ。普段とは異なる使い方をされているものによって想像するきっかけを与えられて，そのきっかけをさらに自ら押し広げ，想像の世界を展開するのは，別世界を旅するように楽しいものである。

　子どもたちがこのような想像の世界を旅している最中は，もしかしたら，保育者が期待するようなわかりやすい表現活動をしているようには見えないかもしれない。しかし一方で，それは保育者が，子どもたちが感じている物語を共有できていないだけだったり，眼差しによって形成されている空間を共有していないだけだったり，または，子どもたちには見えている「実際にはそこにないもの」が見えていないだけだったりするかもしれないのだ。環境が紡ぐ表現は，実は，そのような非常に些細な，見つけにくいところから始まる。そのような表現の芽は，その子だけの空想の物語のなかにあったり，大切な友だちとの親密な関係の眼差しのなかにあったり，または，全く偶然の発見のなかにあったりする。もしそれを見つけることができたら，幸運が訪れたのだと思って大切に育みたいものである。

●演習課題

課題1：時が紡ぐ表現のように，実際にそれを見たり聞いたりしている時間よりも長く感じる物語の経験はあるだろうか。話し合ってみよう。

課題2：保育室でいくつかの子どもたちのグループが遊びを展開しているとする。では，その空間は何によって仕切られているのだろうか。話し合ってみよう。

課題3：ものが紡ぐ表現のように，普段の生活のなかで「実際にはそこにないもの」が見えたことはあるだろうか。話し合ってみよう。

第4章　環境が紡ぐ表現

コラム　演劇に対する大いなる誤解

　演劇と聞いて、あなたはどのようなものを想像するだろうか。舞台が始まる時間の少し前に劇場へ行って、なかへ入る。舞台の上では普段では絶対着ないような衣装を着た俳優がちょっと大げさに動いて、筋書き通りにセリフを言っていく…大方こんなものだろうか。

　実は、一口に演劇と言ってもその形態は全く様々で、これはよくある形式のうちの一つにすぎない。たしかに多くの人に親しまれているのはこの形式だろう。しかし現代の演劇において、例えばあえて野原や山奥、海辺に特設の劇場を組んでみたり、小さなスペースで客席を四方に配置してみたり、という程度のことは、もはやよくあるやり方となりつつある。それから、最近では出演する人も、必ずしもプロの俳優とは限らない。観に来る人がどのような人か最初からわかっている場合には、その地域限定のテーマやネタを扱った方が面白いこともある。そうだとしたら、登場する俳優だって、その地域の人―特に子どもとか―が出ていて、しかもその時その地域で集まった人たちがつくったお話やネタをやった方が面白いこともある。

　つまり、演劇には様々な形式があって、具体的な行為や形式に着目して「こういうことをやっていると演劇だ」という言い方をするのは難しいということである。そこには必ずしも、観客席よりもちょっと高くなった舞台や大きな装置があるわけではないし、俳優がリアルな、または豪華な衣装を着ているとも限らない。演じている人が演技をしているという自覚があるとも限らないし、行われることに明確な筋書きがあるとも限らないのである。演劇をやるからといって「こうでなければならない」というルールなんてないということだ。

　形式にルールがないなら、演劇の専門家たちはどうやって演劇をつくっているのだろう。演劇の専門家たちは、特に新しい演劇をつくろうとする場合にはなおさら、「なぜ」つくるのか、それを「誰に」見せるのかを深く考える。そして、深く考えたうえでつくった演劇を上演することで、その上演空間をどのようなものにしたいのかを考える。実は、そうしてつくられたものが演劇と呼ばれないことも、現代ではよくあることである。

　このことは子どもたちと演劇をする場合にも同じではないだろうか。子どもたちと演劇をつくる理由は、そこにどのような子どもたちがいるのか、それまでどのような経験をしてきたのか、そして保育者としては今後どうしていきたいのかによって、つまり保育現場ごとに異なるものだろうと思う。そうして考えて演劇をつくることにしたら、結果として観客に見せることをやめたり、筋書きのないごっこ遊びになったりすることはあり得ることなのだ。出来上がったそれを演劇と呼ぶことはできないかもしれないが、とても楽しい遊びの時間になるだろう。それは、その保育現場で「何を」するのかをていねいに考えてつくった結果である。そういう経験の構成のしかたは、演劇のつくり方にとてもよく似ている。

第5章 からだと心が紡ぐ表現

遊びを通して育まれる子どもの総合的な表現を、からだの動きやイメージの共有から読み取り、理論的、実践的に理解を深める。子どもが楽しんで夢中になって遊んでいるうちに多様な動きを総合的に経験することが大切であり、様々な動き（動作）が子どものイメージや表現を豊かにし、心を紡いでいくことを理解する。

1 動きを通して心を紡ぐ

（1）身に付けておきたい36の基本動作

人間の基本的な動きは36種類に分類できる[1]。乳幼児期にこの動きをできるだけたくさん経験し、バランスよく身に付けることが望ましいとされている。

① **平衡系（からだのバランスをとる動き）**：立つ、起きる、回る、組む、渡る、ぶら下がる、逆立ちする、乗る、浮く。
② **移動系（からだを移動する動き）**：歩く、走る、跳ねる、滑る、跳ぶ、登る、這う、くぐる、泳ぐ。
③ **操作系（人やものを操作する動き）**：持つ、支える、運ぶ、押す、押さえる、漕ぐ、掴む、当てる、捕る、渡す、積む、掘る、振る、投げる、打つ、蹴る、引く、倒す。

乳幼児期の子どもが、からだを使った様々な遊びをすることで、結果的には複合的な動きが含まれ、知らず知らず多様な動きを経験し、それらを獲得することができるのである。

この動きの獲得をねらいとした保育のなかの身体表現の展開を紹介する。

[1] 文部科学省『幼児期運動指針』2012.

第5章 からだと心が紡ぐ表現

（2）36の基本動作とからだの動きをともなった遊び

事例5-1　ジャガイモのように転がる　2年保育　5歳児　6月

保育者は、ジャガイモ掘りをクラスで振り返り、「みんなでジャガイモになってマットの上を転がってみよう」と提案する。手を抱えながら転がる子ども、手をグーにして転がる子ども、横に、斜めにみんなごろごろ転がる。なかには前転をしている子どもも見られる。「（ジャガイモが2つ）くっついていたのもあったよ」という子どもの発言を受けて、保育者はマットを2枚並べた。子どもたちは、お互いうつ伏せになり手をのばしてから、手をつないだ。そして2人のタイミングを合わせてまた転がり始める。相手に合わせて回ることを楽しんでいる（以下，略）。

事例5-1に見られる子どもの動きは身に付けておきたい36の基本動作（前頁参照）のうち、からだのバランスをとる動きの「回る」にあたる。「回る」のなかには、転がるも含まれる。自分自身をジャガイモに見立て、転がるためには、ジャガイモの形はどのような形だったのか、あるいは、転がり方はどのような転がり方だったのか、転がるイメージをふくらませることが必要である。子どもたちが、2つがくっついたジャガイモを思い出したことによって、保育者はすかさずそれを受け止め、子どもたちが2つくっついたジャガイモを表現するためには、どのような環境を準備すべきか、瞬時に判断したことによって、マットを2枚並べるにいたったのだろう。こうした子どもの表現したい思いを、瞬時に読み取り、支える力を身に付けていきたい。

事例5-2　手遊び「いわしのひらき」をもとに　2年保育　4歳児親子　9月

ホールにおいて、親子活動で手遊び「いわしのひらき」を行った。子どもは保護者と一緒にからだを使ったふれあい遊びをすることでお互いに笑顔が見られた。支援を要する子どもも保護者と一緒に行うことで表情が和らいでいる。続けて保育者が「みんなは魚、おうちの方はコックさん」と役割を知らせる。保育者が「海のなかをおさかなになって泳ぐよ」と言うと、魚（子ども）はコックさん（保護者）に捕まらないように、思い思いの魚になって、ホールのなかを自由に走る。保育者は「コックさんが捕まえにきたよ。捕まらないように逃げて」と言葉を掛ける。コックさんに捕まってしまった魚（子ども）は、コックさん（保護者）に抱きつき（だっこ）、あるいは背負われて（おんぶ）、周囲とぶつからない場所に移動した。その後は、魚（子ども）は仰向けに寝てコックさん（保護者）に調理されるというふれあい遊びへと展開していった。

事例5-2に見られる子どもの動きは、からだを移動する動きの「走る」そして、保護者にだっこやおんぶをしてもらう動作によって、からだのバランスをとる「ぶら下がる」や「組む」といった動きを体験している。「組む」には「おんぶ」が含まれている。こうしたからだの動きが、親子活動で行われたこ

とによって，支援を要する子どもにとっても安心感を与えるとともに，子どもの動きを引き出すことができる空間であったことがわかる。

その他，子どもの日常に見られる，からだの動きをともなった遊びをみてみよう。写真5-1は2年保育，5歳児9月の写真である。小さなフープとハードルを並べ，フープのなかを片足で跳び，フープが2つ並ぶところでは片足ずつフープのなかに入れて，ケンケンパの遊びを楽しんでいる。「跳ぶ」ことは，からだの移動をともなった動きである。バランスをとりながら片足で跳ぶことを楽しみ，さらに両足でハードルという障害を跳ぶことによって，種類の異なった「跳ぶ」面白さを味わうことができる。またフープとハードルの組み合わせを変えたり，ハードルの高さを変えたりすることによって，さらに遊びが広がることが期待できる。遊びの組み合わせを考えるのも子どもたち自身である。フープやハードルは，自分たち自身で様々な遊びを工夫することができる遊具なのである。

写真5-1 跳ぶ-片足飛びとハードル

写真5-2は2年保育，4歳児9月のクラスで行われた「ドン！ジャンケンポン！」の様子である。平均台を組み合わせ，両端から渡っていき，中央の巧技台部分で出会ってじゃんけんをしている。この平均台渡りは，からだのバランスをとる動きである。この遊びには，2つのドキドキが含まれており，いち早く平均台を渡って，相手のところにたどり着くドキドキと，じゃんけんに勝てるか，というドキドキである。じゃんけんに負けると，次に準備している子どもは，また素早く平均台を渡らなければならない。順番を待っている間も気が抜けないのである。

写真5-2 渡る-平均台渡り

写真5-3は，2年保育，5歳児1月の凧あげを楽しんでいる様子である。自分でつくったビニール凧を手に持ち，自由に走る。ものを操作しながら走る，風の向きを考えたり，走るスピードを変えたりすることでさらに楽しい遊びとなる。

写真5-3 走る・持つ-凧あげ

写真5-4は2年保育，4歳児1月の様子である。巧技台と滑り台を組み合わせ，牛乳パックでつくったスキーと，細い棒をスキーストックに見立て，その先端のリング部分は段ボールで作成している。子どもたちは，ただ滑り台を滑るだけでなく，自分たちでつくったスキーとスキーストッ

写真5-4 滑る-スキー

クというものを操作する動きをともなって滑っている。雪が降る，この時期にしかできない遊びもぜひ味わいたいものである。雪が降らない地方でも工夫することによってその楽しさに触れてほしい。

　写真5-3，5-4には，いくつかの動きが組み合わさっており，動きの組み合わせを変えることで，さらに多様な動きを経験することができるようになる。さらに，動きを楽しむだけでなく，自分でつくったものを使うこともできる。これらの遊びを通して，「幼児が楽しんで夢中になって遊んでいるうちに多様な動きを総合的に経験する」ことが重要であり，さらにそれが，「自発的に様々な遊びを体験し，多様な動きを獲得」していくことに発展していくことが大切である[2]。保育者は，「体を使った遊びの中で多様な動きが経験でき，自分から進んで何度も繰り返すことにおもしろさを感じることができるような環境」構成を工夫していく必要がある[2]。

2　イメージを通して心を紡ぐ

(1) 生活や遊びのなかで，からだで感じたことからイメージをふくらませる

　生活や遊びのなかで，子どもたちがからだで感じ・考え・行動したことは，子どもたち一人一人のイメージを豊かにし，イメージの豊かさは多様な表現へとつながっていく。特にからだやからだの動きで表現を紡いでいく時，つまり動物や飛行機等に子どもたちがなりきって遊んでいる時やあるイメージをもとに身体表現を行う時等には，保育者は子どもそれぞれが抱くイメージを大切にし，多様な動きで表現できるように援助してきたい。次にあげる事例5-3は保育者が主導して始めた身体表現から子どもたち主体の身体表現[*1]へと展開した事例である。これをもとに，保育者の援助について考えてみたい。

　基本的な動きができるようになっている3～5歳児の身体表現は，保育者の動きを模倣する模倣表現から，自分のイメージで動きを工夫する創造的表現へと発達していく。事例5-3のように，4・5歳児では1回の活動において模倣表現と創造的表現の混合がみられることもあるが，3歳児や経験の浅い子もたちでは模倣表現が中心になるので，保育者は子どもたちの発達の段階や経験をふまえて援助を工夫していく必要がある。模倣表現では，ウサギやゾウの動き等イメージしやすい動きの模倣だけでなく，保育者の多様な動きを真似することが大切である。保育者は，例えば「回る」という動き一つでもコーヒーカップの「回る」とメリーゴーランドの「回る」では動かすからだの部位，

2) 幼児期運動指針策定委員会『幼児期運動指針ガイドブック』文部科学省，2013.
http://www.mext.go.jp/a_menu/sports/undousisin/1319772.htm

*1　身体表現には大きく分けて2つの意味がある。一つは，「からだは語る」という表出とととしての身体表現であり，もう一つは「からだで語る」という意識的な身体表現である。舞踊研究者の柴眞理子は前者を「本人の意識とは別にからだを発信基地として何らかのメッセージが伝わる（伝わってしまう）ような側面」と述べ，後者を「伝えたいメッセージが意識的な身体動作として表現され伝えられるような側面」であると述べており，ここでは後者を指している。
柴　眞理子編著『臨床舞踊学への誘い　身体表現の力』ミネルヴァ書房，2018. p.19.

2 イメージを通して心を紡ぐ

> **事例5－3　へんてこダンス　異年齢 3～5歳児 9月**
>
> 　4・5歳を中心に6名程度で「へんてこダンス」と呼んでいる，音楽に合わせて保育者が「へんてこリーダー」となり，保育者の動きを子どもたちがまねする活動を行っていた。この日は保育者ではなく，「へんてこリーダー」を子どもたちの間でリーダーを次々と交代することにした。リーダーになると，うれしい気持ちがピョンピョンと跳ねる動きに表れている子ども，動きを工夫する子ども，急に「見られる」ことを意識して固まってしまう子ども等，様々であった。しばらくして，手も足も全身をグニャグニャと滑らかに，ゆったりと動かす表現になった。すると口々に「ドロドロ」と発している。音楽のリズムに合わせて動いていたはずが，いつの間にか流れる音楽はBGMになり，子どもたちそれぞれが思い思いの「ドロドロ」したからだになっている。1人でゆっくりと全身を揺らして「ドロドロ」と表現していたのが，徐々に2～3人の手や足が絡まっては離れたりと「ドロドロ」の表現に没頭しているのだ。保育者も一緒に表現しながら「このドロドロは何？」と聞いてみると，「卵！」との返答。次の瞬間，子どもたちのからだは丸まって固い卵に変わり，卵から様々な動物や恐竜が孵（かえ）っていく活動へと展開していった。

　動く空間，動くスピード，動きの質等*2が異なることを認識して，子どもたちに動きを提示するように心掛けたい。徐々に保育者の模倣から離れ，友だちの模倣，自分の動きの探求をするようになると，事例5－3の「ドロドロ」の表現のように子どもたちが思い思いの表現をするようになっていく。この段階が創造的表現の段階である。自分たちで工夫できるようになると，後日活動を再現することもできるようになってくる。創造的表現の段階では，子どもたちの目線は保育者から離れ，自分と友だちの表現に没頭しているように感じることがある。そのような時は，保育者の言葉掛けや音楽を聴きながら主体的にからだの表現を紡いでいるのである。この段階では，保育者はからだで動きを提示するのではなく，ナレーションのように状況を伝える言葉掛けをしたり，擬音語や擬態語を用いて動きの質やリズムを伝え，子どもたちが自分なりに工夫し表現できるように援助したい。

（2）見たことのない世界をイメージし，からだで表現する

　生活や遊びのなかで，からだで感じたことからイメージすることを中心にした身体表現もあるが，子どもたちは直接知らないことや実在しない世界を，想像を広げることで表現することができる。
　事例5－4で子どもたちは，年長組の歌う宇宙の歌から関心をもち，絵本で月や宇宙に関する知識を得ていた。おそらく遊びのなかで宇宙の絵を描いたり，ロケットをつくったりもしていただろう。子どもの遊びのなかの様々な活動が宇宙のイメージを広げ，事例5－4の活動へとつながっていたのである。

*2　身体表現を広げるポイント
・身体の部位…全身で回る，手と足と頭だけ回す等。
・空間…高低，方向，経路等。
・スピード…早い・遅い，徐々に早く等。
・動きの質…優しく，力強く，軽やかに等。
　上記の他にも，身体の形や友だちとの関わり（1人で，2人で，みんなで，バラバラに等）も意識したい。
柴 眞理子『身体表現-からだ・感じて・生きる-』東京書籍，1993, pp.144-145.参照

第5章 からだと心が紡ぐ表現

そして，身体表現動で宇宙旅行へ行く遊びによってイメージは更に広がり，子どもたちのその後の遊びへとつながったのだ。

事例5－4　宇宙旅行　異年齢3～5歳児　6・7月

普段から年長組では宇宙にまつわる歌を歌ったり，月の絵本や宇宙の絵本を読んでおり，3～5歳児で宇宙の気分が高まっていた。

保育者　　　：「今日は何して遊ぼうか」
子どもたち：「宇宙にいきたい！」
保育者　　　：「ではロケットに乗ります。ロケットを発射するために，エネルギーを貯めなくちゃ」
　1人で，2人で，複数人でロケットの形を工夫しながら足踏みをしてエネルギーを貯めている。
保育者　　　：「出発します，5・4・3・2・1，発射！」
　子どもたちは両手をつないだり，お互いの手の甲を合わせたりと思い思いのロケットの形になりながら飛びたっていく。
子どもたち：「ロケット分離！」「ロケット連結！」
　子どもたちはお互いに，離れたりくっついたりして楽しんでいる。
E児　　　：「長いロケットになった！」
　E児が言うと，その場にいるみんなが連結した長いロケットになった。
F児　　　：「宇宙に到着，宇宙船から出ると…あ，ここはクネクネ宇宙だ」
　F児たちは想像した宇宙船の外に出ると，子どもたちのからだがクネクネと動き出す。
G児　　　：「ぐるぐる宇宙だ！」
　G児「ぐるぐる」と言い，1人で，または2～3人ではぐるぐると思い思いに回っていると，「ふわふわ」「ベタベタ」等子どもたちが口々に言い始めた。そして，その様子を1人で，または友だちと一緒にからだで表現する活動が続いた。その後宇宙船に戻り，今度は月へと到着した。
E児　　　：「クレーターがあるよ！」
　E児がクレーターからクレーターへと跳び移っている。
F児　　　：「宇宙人だ！」
　F児が言うと，そこでみんなで宇宙船に乗り込み隠れる。
G児　　　：「大変，宇宙人が乗ってきてる！」
　みんなで必死に宇宙人を追い出して，また宇宙船に乗り込み，エンジンを貯めてみんなで一つの大きな宇宙船をつくり，こども園へと帰ってきた。
E児　　　：「あのね，宇宙人，連れて帰ってきちゃったみたい」

写真5－5　大きな宇宙船でこども園へ帰ろう

保育者　：「大変だ。でも，宇宙人を連れて帰ってきたことは，他の友だちや先生には内緒ね。次に宇宙に行く時に連れて帰るから，こども園に隠しておいてね」
　すると，この活動の後も隠れたはずの宇宙人が出てきたと，友だちとブロックの銃を持って撃退したり，月の絵本を広げたりと，宇宙にまつわる遊びが次々に展開していった。

　別の日の「宇宙旅行」では，宇宙旅行がキラキラと光るバイクで天の川を下り，閻魔大王に手紙を届ける遊び，宇宙人と戦っていたら宇宙人になってしまい，人間のふりをして地球に帰還，宇宙人同士だけが知る秘密の宇宙あいさつを交わす遊びに展開していった。子どもたちが豊かにイメージをふくらませ，全身の動きで，友だち同士で工夫して表現ができるよう，保育者は動きを提示し言葉を掛けたり，見守ったりしながら，子どもたちのイメージが広がるよう身体表現に適切な関わりをしていきたい。そして何よりも，保育者自身が子どもたちと想像の世界で遊ぶことを楽しみたい。

3　多様なニーズに応じた表現活動（インクルーシブな身体表現）

　2012（平成24）年7月，「共生社会の形成に向けたインクルーシブ教育システム構築のための特別支援教育の推進」に関する報告がなされた[3]。障害者の権利に関する条約第24条では，「インクルーシブ教育システム」を次のように定義している。すなわち，人間の多様性の尊重等の強化，障害者が精神的及び身体的な能力等を可能な最大限度まで発達させ，自由な社会に効果的に参加することを可能とするとの目的の下，障害のある者と障害のない者が共に学ぶ仕組みである。そこでは，障害のある者が一般的な教育制度から排除されないこと，自己の生活する地域において初等中等教育の機会が与えられること，個人に必要な「合理的配慮」[*3]が提供されること等が必要とされている。

　保育においても，国籍や年齢，障害の有無にかかわらず，色々な背景をもった子どもも受け入れること，そして，すべての子どもが共に学べる場を目指すことが大切である。すべての子どもが共に学ぶことによって，他者と自分の違いに気付いたり，他者と違うからこそ，他者からの刺激を受けたり，あるいは他者を理解できるようになったりする。共に学ぶ環境だからこそ，違いを受け入れたり，違いを尊重したりすることができるようになるのであり，それが将来的に差別や偏見を防ぐことにつながるといえる。

　例えば，複数でからだの一部を触れ合わせる身体表現であれば，まずは触れ

3）文部科学省「共生社会の形成に向けたインクルーシブ教育システム構築のための特別支援教育の推進（報告）」2012.

*3　合理的配慮
　文部科学省，特別支援教育の在り方に関する特別委員会によれば，「合理的配慮」について，障害のある子どもが，他の子どもと平等に「教育を受ける権利」を享有・行使することを確保するために，学校の設置者及び学校が必要かつ適当な変更・調整を行うことであり，障害のある子どもに対し，その状況に応じて，学校教育を受ける場合に個別に必要とされるものと定義している。

第5章　からだと心が紡ぐ表現

合わせやすい腕や脚等を絡めていく。次第に触れ合う場所の難易度を上げていったり，触れ合う箇所を複数にしたりすることで表現の幅が広がる。それとともに，動くことに制約がある子どもにとっては，自分一人ではできない表現も，仲間とともに形作ることによって，表現することができたり，動くことが得意だったりする子どもにとっては，より難易度の高い触れ合い方を探求することも可能である。つまり，仲間と共に表現することが，動くことに制約がある子どもにとって「できない」という負の感情をもつことなく，活動を楽しむ契機となる。その反対に，動くことが得意な子どもにとっては，自分でさらに難易度を上げることもできるため，活動に対する達成感をもつことができる。また，自分たちでどのように表現したらよいか考えながら，からだを触れ合わせていくので，「幼児期の終わりまでに育ってほしい姿」でいえば，友だちの様々な考えに触れる中で，自分と異なる考えがあることに気付き，自ら判断したり，考え直したりする「思考力の芽生え」もみることができる。

　外国にルーツをもつ子どもと共に輪になって，「サギディ」[*4]という遊びで，身体表現による伝言遊びを楽しむことも考えられる。この遊びは「サギディ」の唱え歌を繰り返しながら，リーダーの動きを次々と真似していくものである。次々と新しい動きが回ってくるため，人数が多かったり，テンポが速かったりすると，難度が増す。小さな子どもと共に遊ぶのであれば，まずは保育者の模倣からゆっくりとしたテンポで始めていくとよい。この「サギディ」と同じように動きの模倣による遊び歌が日本にもある。わらべうたの「羅漢さん」である。「羅漢さん」で動きの模倣をして遊んでみる。このような遊びによって，外国の文化の一端を知ると同時に，日本の文化も知ることができ，お互いにそれぞれの文化を尊重し合う気持ちをもつことにつながる。

　実際の幼稚園で行われたインクルーシブな表現遊び事例をみてみよう。

*4　サギディ
フィリピンの遊び。ピナツボ復興むさしのネット・山田伸男・出口雅子『フィリピンと出会おう』国土社，2002, pp.44-45.

事例5－5　親子パラバルーン遊び　3年保育　4歳児　12月

　この園では，年長児が運動会でパラバルーンを披露(ひろう)していた。そのため，年中児はパラバルーンにみんな興味津々である。数名の保育者が持つパラバルーンの下を，親子で手をつないで，次々くぐり抜けた。特別な配慮を必要とする子ども，そうでない子ども，車いすを利用するA児，そしてその保護者たちが一緒にパラバルーン遊びを楽しんだ。

T：保育者　C：子どもたち
T：「まずは，お家の方と一緒に，ふわーとふくらんでいるうちに，その下を通り抜けてね」
C：「うわぁーっ」「キャーッ」「涼しいね」
　子どもたちは，声を出して走り抜ける。

> T:「今度は2人組と2人組が合体して4人組で手をつないで通り抜けてみよう」
> 　2組の子どもと保護者が互いに手をつなぎ，車いすを利用するA児の保護者は1組の親子と車いすを押しながら走り抜ける。
> T:「今度は，ふくらましたパラバルーンのなかにみんなで隠れちゃおう。1，2，3」
> C:「うわぁ，みんななかに入れたよ」「風船みたい」「4つの色になっているよ」
> T:「この風船大きくなりすぎたから，もうすぐ割れちゃいそう。みんなで協力して早く外に出てきてね」
> T:「3，2，1，パーン」
> C:「Aちゃんが通れるように，みんなでトンネルをつくろう」
> 　車いすのA児が通りやすいように，いつの間にか他の子どもたちと保護者が手を合わせて山をつくり，長いトンネルができた。A児を先頭に，順番にトンネルをくぐってみんなが外に出てくることができた。
> 　活動後は，子どもたちも保護者もみんな笑顔になっていた。

　活発にからだを使う遊びを展開するなかで仲間と一緒に楽しみながらそれぞれの動きやイメージを獲得していくことは，その後の人生においても大切なことである。事例5－5にみられた親子パラバルーン遊びでは，車いすのA児も他の子どもと一緒に，パラバルーンのなかを通り抜けたり，パラバルーンのなかに入ってみたり，パラバルーン遊びを共有し楽しむことができた。そして，A児が車いすを利用しているという違いを，活動を共にする仲間たちが受け入れ，それを尊重していたからこそ，子どもたちから「A児が通れるようにトンネルをつくる」という発想にいたったといえる。子どもたちはもちろん，保護者も保育者も相互に学び合い，育ち合うひとときとなった。

4　からだと心が紡ぐ表現

　本章では，からだの動きそのものを楽しむこと，生活や遊びの様々な体験からイメージを広げ，それぞれのイメージに合ったからだの動きを自分なりに行い，また友だちや保育者と一緒に工夫することを具体的な事例から概観してきた。そこには，自分なりの動きができたことの喜び，からだを動かすこと自体の楽しさ，イメージにぴったりと合う動きの探求とそれを見つけたときの満たされた気持ち，自分の気持ちを表現したことを受け止めてくれる友だちや保育者がいることの安心感等，様々な気持ちが紡がれている。
　子どもにとって「運動ができること」は大切なことではあるが，それよりもからだを動かし「楽しむ」ことができることはもっと大切なことである。から

第5章 からだと心が紡ぐ表現

だを使って様々なことをする楽しさを体験しつつ，そのことをくり返し経験することで，運動の本質的な理解にもつながっていく。活動自体を「楽しむ」ことができていれば，動きの獲得やイメージをふくらます等，次の学びへとつながるのである。

「先生，見てて！」とできなかった運動に挑戦する子ども，「できるようになったんだよ！」と得意気な姿を見せてくれる子ども，「一緒にやろう！」と手をつないで遊びに誘ってくれる子ども等，子どもの「できるだろう」という期待感と「やってみたい」という意欲，「やったぁ！」「できた！」という自己充実感のために，保育者は今日もこれからも一番近くで子どもたちと関わりたい。また，子どもたちの多様なイメージをからだの動きで表現することで生まれるいろいろな気持ち，それが，また子どもたちのイメージを豊かにし，更に新たな表現が生まれていくという，からだと心が紡いでいく表現の循環を見つめ，育んでいきたいものである。

● 演習課題

課題1：36の基本動作から，それぞれの反対の動きを書き出してみよう。そこから連想したものをからだで表現してみよう。

課題2：洗濯物の気持ちになって，洗濯の流れ（洋服等が洗濯機の中で洗われて干され，畳んで収納されるまで）をからだで表現してみよう。

課題3：「鬼ごっこ」や「じゃんけん」のルールをアレンジし，自分たちの鬼ごっこやじゃんけんをつくってみよう。

● 参考文献

柴 眞理子編著『臨床舞踊学への誘い　身体表現の力』ミネルヴァ書房，2018.
柴 眞理子『身体表現―からだ・感じて・生きる―』東京書籍，1993.

コラム　鬼遊び

　昔から子どもたちが共にからだを使う遊びの一つに「鬼遊び」がある。子どもたちの間では「鬼ごっこ」としても親しまれている遊びである。日本では，1,300年前から始まったとされている「鬼遊び」は，宮廷の年中行事である修正会(しゅじょうえ)のなかに「追儺(ついな)」と呼ばれる鬼払いの儀式があり，これが鬼遊び（鬼ごっこ）の起源となる儀式といわれている。

　現在，子どもたちの間で行われている「鬼遊び」（鬼ごっこ）には，「子捕ろ子捕ろ」を始めとして「かくれんぼ」「だるまさんが転んだ」等の伝承的な鬼遊びが普及し続け，今では約3,000種類程度のバリエーションがあるといわれている。

　身体諸活動を通した子どもたちの「鬼遊び」には，以下に示す6つの特徴があげられる。① からだを動かすことで，心が開放的になる，② 触れ合うことでコミュニケーションがとれる，③ 誰もが理解できる簡単なルール・動きである，④ 少ない道具で，場所も選ばず気軽にできるものが多い，⑤ 地域，言語，性別，年齢など関係なくできる，⑥ その国独自の文化的背景の理解にもつながる等である。

　鬼遊びの一種である「だるまさんが転んだ」は，全国各地，地域によって様々な呼び名で遊ばれている。宮城県では「くるまのとんてんかん」，三重県では「赤目白目黒目」，奈良県では「ぼうさんがへをこいた」，和歌山県では「なないろこんぺいとう」，宮崎県では「キャベツの運動会」という言葉を発しながら遊ばれている。

　このような伝承遊びを通して育まれる子どもたちの総合的な身体表現は，諸外国においても見ることができる。

　アメリカの「だるまさんが転んだ」は「Red light Green light」で日本語の意味は「赤信号，青信号」である。「Green light！」の掛け声で動き始め，横断歩道を渡るようにしばらく自由に移動できる。そして掛け声役が素早く振り返りながら「Red light！」と叫ぶと，残りの子どもはピタッと動きを止める。うまく止まれなかったらスタートラインに戻りやり直し。掛け声をする役にタッチができたら勝ちで，掛け声役は交代する。

　カナダの「だるまさんが転んだ」は「What time is it, Mr. Wolf?」で日本語の意味は「オオカミさん，いま何時？」である。まず，一人がオオカミとなって立ち，他の子どもたちは少し離れた場所に横一列に並ぶ。子どもたちが「What time is it, Mr. Wolf?」と尋ねると，オオカミは「It's ○○ o'clock.」と好きな時間を答える。もしオオカミが「It's 3 o'clock.」と言ったなら，子どもたちは「One, Two, Three.」と数えながらオオカミの方へ3歩進み，「It's 6 o'clock.」なら6歩進む。子どもたちの「What time is it, Mr. Wolf?」という問いかけに，オオカミが「It's lunch time！」と答えたら，追いかけっこの始まり。オオカミは子どもたちを捕まえるために走り，タッチできたらオオカミを交替する。

　国や文化，言葉は違っても，子どもたちの遊びは共通するものがある。

コラム　描画発達

子どもの造形的な発達を考えるとき，描画発達が一つの指標とされている。描画発達は，研究者によって発達の月齢や区分，名称等が異なる。ここでは一般的と考えられる発達過程を紹介する。

① **なぐりがき期**（錯画期）：**1歳～2歳半頃**

生後6か月を過ぎるとものをつかめるようになり，やがてペンやクレヨンで画用紙に点を打ち，その音やからだに響く振動を楽しむ。1歳頃になると，短い線や螺旋（スクリブル）を描くようになる（写真5-6）。

② **象徴期**（意味づけ期，命名期）：**2歳～3歳半頃**

螺旋状の線から徐々に閉じた円を描くようになる。円は「ママ」になったり「クッキー」になったり尋ねるごとに異なる。描く対象を決めて描くのではなく，描いたものに対して後から何を描いたのか伝えたり，また描いたものに意味をもたせる。

③ **前図式期**（カタログ期）：**3歳～5歳頃**

1枚の画用紙に複数の絵をカタログのように並べて描く。また，この時期には円から直接手足が描かれる「頭足人」といわれる人物表現がみられる。円は頭と胴体を表しているとされている。

④ **図式期：4歳～9歳頃**

図式化された絵が特徴的な時期にあたる。また，この時期ならではの描画の特徴的な表現がみられる。

・アニミズム表現：太陽や雲等，人間ではないものを擬人化する表現（写真5-7）。
・レントゲン表現：見えていない内部まで透視して描く（写真5-8）。
・展開表現：机や椅子等を描くとき展開した形で描く。
・拡大表現：実際の大きさとは関係なく，関心のあるものを大きく描く。
・反復表現（並列表現）：同じ形（もの）を繰り返し描く。
・俯瞰表現：俯瞰して上から見たように描く（写真5-9）。
・異時同図表現：1枚の画用紙に異なる時間や季節が描かれる表現。
・視点移動表現：描く対象物を複数の視点から描く表現。

写真5-6　なぐりがき

写真5-7　アニミズム

写真5-8　レントゲン

写真5-9　俯瞰表現

第6章 遊びが紡ぐ表現

日常の遊びによって育まれた表現が，行事や発表へと展開していく過程を読み取り，理論的，実践的に理解を深める。本章では，事例を通して，劇遊び，音楽遊び，造形遊び，身体表現といった日々の遊びが，どのように行事や発表へと発展していったか，また保育者はそのために何をどのように援助したらよいのか考えてみたい。

1 ごっこ遊びと劇遊び

子どもが自然にごっこ遊びを始めることは，演劇における俳優の演技に通じるものにみえる。しかし，子どもに，「さあ人前に出てごっこ遊びをしてみて」，と言っても，うまく遊べることなどまずない。ごっこ遊びは人に見られることを前提とした遊びではないからである。

それでも，子どもがごっこ遊びを楽しむように，人に見られることを前提に架空の状況を設定し，自分ではない別の人格になりきってみることは楽しいことであるように思われている。また，演劇には様々な関わり方があり得るので，クラスや年齢等の集団で，その集団のなかで子どもに得手不得手の差があっても一つの作品づくりに関わることができるというメリットもあり，劇の発表会は小学校以上よりも就学前施設（幼稚園・保育所・認定こども園をいう）において積極的に行われている。

子どもと演劇の接点を考えるうえで，ごっこ遊びと演劇の類似性に起因する議論は，日本で演劇の教育的意義が議論され始めた大正時代から存在する[*1]。戦前，学制が整備された直後から学校での演劇活動は活発に行われていたが，その活動はどんどん華美になり，一時期は子どもの演劇が酒席の余興とされていたこともあった[*2]。劇＋遊び，つまり，華々しい舞台をつくるのではなく子どもの遊びの一環としての演劇を考えようとする試みは，戦後しばらくしてすぐに生まれている[*3]。戦後，教育制度を立て直すなかで新たな教育思想の

[*1] 例えば，日本で最も古い演劇教育に関する理論的考察の一つ，「学校劇論」を著した小原國芳（1887-1977）は，「子供の生活そのものが，劇でないか。ママごと，人形ごっこ，お医者のまね，（略），いろんなことをして遊んでいる。すべてが劇である」と考え，これを舞台上の演劇の経験に結びつけることが子どもの全人格的な発達に寄与すると考えていた。一方，日本の演劇の近代化に尽力した坪内逍遥（1859-1935）も同じ時期に子どもと演劇の関

第6章　遊びが紡ぐ表現

流入もあり、子ども自身の表現を尊重しようとする態度は演劇活動においても明確になり始める。「劇遊び」という言葉には、子どもの演劇を、稽古を経た演劇を発表することではなく、演技をすることを遊びと考えようとする態度が現れている。

しかし、演じて遊ぶ、というのは、子どもが自らごっこ遊びをするようには成立しない。就学前施設における演劇の活動は、劇遊びを目指していたのに、結局劇の練習になってしまうことが多いという報告もある[*4]。その理由は、おそらく、演劇をやろうとするとき、私たちは往々にして、観客に対してわかりやすくしようとしすぎてしまうからだろう。この役はお姫様だからお姫様らしい衣装を着よう、筋書きがわかるように大きな声でセリフを言おう。そうでなければ意図が伝わらず、見る者を飽きさせるのではないか。意味がわからなかったと言われるのではないか。…という恐れが保育者（幼稚園教諭・保育士・保育教諭をいう）の側に生まれるのは、仕方のないことかもしれない。

しかし、それは大人のための演劇の話ではないだろうか。大人は現実の生活にとらわれており、そんなに簡単に架空の世界に入っていけない。だから大人のための演劇はいろいろな工夫をするのである。大人の観客はそうしないと想像を巡らすことを楽しめないのだ。しかし子どもはどうだろう。子どもが実に素晴らしく、しかし時に恐ろしいとさえ感じるのは、彼らはいとも簡単に架空の世界へ入って行き、簡単に出てくることができるからである。そしてたとえ架空の世界だとわかっていても、本気で笑ったり、泣いたり、面白がったり、戦ったり、葛藤したりすることができるのである。

特に就学前の子どもと演劇の活動を結び付けようとするとき、保育者は活動の支援として先に単純な物語を提示してしまい、結果としてそこに子どもを当てはめて、保育者が前もって決めた通りに子どもたちを動かすことに注力してしまうことが多い。確かに、その方が子どもの物語の理解も簡単にすみ、見せるための調整がやりやすく、練習もしやすい。

就学前施設に通う子どもたちは、将来プロの俳優になるわけでも、演出家になるわけでもない。幼い彼ら、彼女らにとって必要なのは、成し遂げた時の達成感を得ることだったり、友だちと共に何かすることの面白さを感じることだったり、人前で何かして見せた時の反応を得ることだったりする。「劇遊び」という言葉にはそのような願いが込められている。

「劇遊び」とは、決して、よくできた完璧な舞台に見える何かを達成することではないのだ。子どもたちの演技を人前で見せようとする時、しかも、多くの場合それは保護者を観客として行われるので、保育者は子どもたちを必要以上に「よく見せよう」としてしまう。しかし、そのための練習時間が、いつも

係について考えていたが、彼は、子どもの劇はごっこ遊びの域を出ることはないので、あくまでも家庭内で小規模に行うのがよい、つまり、子どものごっこ遊びはそのままではけっして演劇にはならないと考えていた。

[*2] このような種類の子どもの演劇は1920年代に爆発的に流行し、1924（大正13）年には当時の文部大臣が学校劇の活動に対する苦言を公的に発するほどであった。

[*3] 少なくとも1950年代には「劇遊び」という言葉を意識的に用いた文献が存在する。

[*4] 例えば、中山佳寿子「劇あそびに対する保育者の意識と集団保育における劇あそびの現状―東京都23区の公立幼稚園・保育園に対するアンケート調査を通して」日本女子大学大学院紀要, 家政学研究科・人間生活学研究科（24）, 2018, pp.161-171. 等。

優しい先生たちが急に厳しくなるだけの，苦痛の時間になってしまったら…子どもたちは劇も発表会も嫌いになってしまうことだろう。

これまで子どもと演劇に関する議論においては，長い間，大人数の子どもにいかに効率的に，よく見える演劇上演を達成させるかが論じられてきた。「劇遊び」についても，「劇遊び」と「演劇」を混同して紹介している文献が多く存在するのも事実である。しかし，子どもが架空の世界を演じて遊ぶことを楽しむことの方が，観客に見せることよりも大切なのはいうまでもない。

2　音楽遊びが紡ぐ表現

本節では，子どもたちが生活のなかで経験した音楽遊びが，発表する場へとつながっていく様子を考えてみよう。

事例6-1　ミュージックショーをつくる　2年保育 5歳児 2月

ある幼稚園では2月に年長児によるお店屋さんが2日間開催される。毎年趣向を凝らした楽しいお店が開店され，1日目は同じ5歳児同士がお客さんになってお店をまわって遊ぶ。この年のお店の一つに，「ミュージックホール屋さん」があった。子どもたちは「きらきらミュージック」というミュージックショーを行うことになった。まずはプログラムを考える。どのような出し物にしたらよいか，男児2人，女児6人がアイデアを出し合う。女児だけで歌を歌う，男児だけでギターを披露，みんな一緒にダンスする等，様々なアイデアが生まれていく。そのなかの一つに，みんなで合奏する，というものがあった。演奏する曲の選択，使用楽器の選択，担当楽器の選択，と次々話し合いが進められていく。合奏曲は「さんぽ」に決まった。最終的に楽器はトイピアノ，小太鼓，ボンゴ，ハンドベル，木琴，鉄琴を中心に，小物打楽器を時々加えて演奏することとなった。ピアノが得意な女児がトイピアノでメロディ全体を演奏し，ハンドベルはメロディを補完するように音を重ね，木琴と鉄琴はバチで鍵盤の上を滑らせるグリッサンド奏法[*5]を駆使して音楽に飾りをつけ，小太鼓とボンゴはリズムを刻む…。このような姿を見ることができた。そして迎えた当日，開演前の受付や，司会，楽器準備等，すべて自分たちで担当してショーを成功させた。

このミュージックショーで用いられた音楽は，すべて日常の保育のなかで，子どもたちが親しんでいたものである。歌はクラスでみんなと歌い合っていた「歌えバンバン」であり，ギターは映画の主題歌となった曲で日頃からエアギターで踊っていたものである。またダンスに選んだ曲は，以前テレビの子ども向け番組のテーマ曲となっていたものであり，運動会で披露したものだ。こうした日常の共通の経験が，ショーのプログラムを組み立てる契機となっている。合奏するために選んだ「さんぽ」も，もちろん子どもたちにとっては親しみのある曲なのだが，それを用いて合奏をするのは初めてだった。子どもたち

*5　**グリッサンド奏法**（glissando：伊）
1音ずつ区切ることなく音と音とを隙間なく滑らせる奏法。指やバチで奏する。

第6章 遊びが紡ぐ表現

写真6−1　合奏風景

写真6−2　本番！

は保育者が準備したいろいろな楽器を試して遊び，自分のお気に入りの楽器を決めていた。これは，これまでのクラス合奏の際にも行われており，その経験が活かされていた。ここでの演奏楽器の決め方や，誰がどのタイミングでどのような音を鳴らすかは，子どもの主体性に任せながらも，子どもたちだけで楽器遊びが行き詰ってくると，保育者は「この音重ねたら，素敵になるんじゃない？」と提案したり，「あぁ，太鼓がトン・トン・トントントンってすると，（次に）入りやすいね」等のように子どもの表現に共感したり，「○さんの音，みんなで聞いてみよう」と一人一人の子どもの表現を受け止めたりしていた。こうして出来上がったミュージックショーでは，観客からの拍手に照れながらも，子どもたちの顔はみんな，誇らしげであった。

　事例6−1を実際の指導計画にするならば，幼稚園教育要領（以下，教育要領）領域「表現」の「ねらい」の「（2）感じたことや考えたことを自分なりに表現して楽しむ」[1]にあたり，そのねらいを達成するための「内容」が「（6）音楽に親しみ，歌を歌ったり，簡単なリズム楽器を使ったりなどする楽しさを味わう」[1]ものであり，その「内容の取扱い」は「（3）生活経験や発達に応じ，自ら様々な表現を楽しみ，表現する意欲を十分に発揮させることができるように，遊具や用具などを整えたり，様々な素材や表現の仕方に親しんだり，他の幼児の表現に触れられるよう配慮したりし，表現する過程を大切にして自己表現を楽しめるように工夫すること」[1]である。この「内容の取扱い」に対する理解を深めていることによって，保育者は何をどのように援助すべきか，おのずと考えられるだろう。

　ところで，この子どもたちは，なぜ「ミュージックホール屋さん」を思いついたのだろうか。前年度の5歳児にヒントがありそうだ。当時4歳児だった，事例6−1の子どもたちのお誕生会で，5歳児数人がつくった合奏団による演奏があり，クラス全体ではなくても，自分たちで合奏できることに気付き，それを覚えていたのかもしれない。また，事例6−1の2日目は4歳児クラスの

1）文部科学省『幼稚園教育要領』[第2章], 2017.

子どもたちが，このお店屋さんを堪能し，5歳児のつくり出すお店に憧れを抱き，自分のクラスに戻るとすぐにお店を真似して遊び始めていた。こうした遊びの循環によって，翌年には，新しいアイデアを付加したお店屋さんが生まれていくのである。

3 造形遊びからパペットシアターへ

本節では，造形遊びの環境づくりと，そこから生まれたパペットをパペットシアターへ展開していく一連の活動について取り上げていく。

（1）環境がつくりだす「自由な表現の場」

事例6－2　広告用紙の裏紙で紙人形をつくる　3年保育 4歳児 11月

最近のA児（女）は，広告用紙やカレンダーの裏紙にカラーペンで絵を描き，それをはさみで切り抜き，壁に貼っていくことに夢中である。はじめはおさげの女の子，次にペットの犬，草むら，また違う女の子の絵…。彼女の頭のなかでイメージされた一場面に登場するものたちが切り抜きになって，壁面に貼りだされているようである。保育者が，更につくったものについて尋ねると，表現された壁面の一場面から，少しずつ物語が紡ぎ出されていった。

事例6-2は，保育現場の外で起きたインフォーマル[*6]な表現活動の一例である。A児は大きめのカレンダーの裏紙＝素材を発見したことをきっかけに，紙の使い道を考え，造形表現に取り組んでいた。それは，内発的動機付けに基づくブリコラージュ的[*7]な造形表現活動といえる。この事例からは，素材や道具に自由にアクセスできる環境が，A児の自発的で自由な表現活動を支えていることがわかる。すなわち「自由な活動」[*8]である「遊び」から生まれた表現活動といえる。

（2）造形遊びから生まれたパペットからパペットシアターへ

フォーマルな造形活動の実践において，子どもたちの能動的な表現活動を促す機会として「造形遊び」があげられる。造形遊びとは，素材や環境に働き掛けることで得られる感触や感覚，印象をきっかけに生じる連続的な造形行為で成立する活動である。作品の完成を目的とせずに造形プロセス（＝造形行為）そのものに学びを見いだす特徴をもつ。さらに，造形行為を繰り返すなかで自ら主題を見いだし，表現活動につながることもある。以下，造形遊びからその後パペットづくり，パペットを使った発表へと展開された事例を紹介する。

*6　フォーマルラーニング／インフォーマルラーニング
学校教育等の公の教育・保育の場で，教育的目標に基づき編成されたカリキュラムや教育での学習をフォーマルラーニング（公式の学習）と呼ぶのに対し，家庭や社会教育の場における自発的な学習をインフォーマルラーニング（非公式の学習）と呼ぶ。

第6章 遊びが紡ぐ表現

1）造形遊びとごっこ遊び

事例6－3　ダンボールから生まれたパペット　3年保育 5歳児 6月

園のホールで大量のダンボールを使って，年長組の子どもたちが造形遊びに取り組んでいる。箱の形を活かしてつないだ電車づくりからごっこ遊びを始める，箱を開いた板状のもので囲い，キッチンやシャワー，トイレ等をつくり料理ごっこをする等，様々な遊びが起きている。家のような空間を再現した子どもたちが，薄手のダンボール片をここの住人に見立て，ごっこ遊びが始まった。やがて，「人形に顔を描きたい」「もっと人形をつくりたい」と子どもたちの関心が「人形づくり」へ移行していった。そこで保育者は，リベッド（先端の丸い接合部品）を使うことを子どもたちに提案し，さらにダンボール同士を重ねて穴を開け，留めると動く仕組みを説明した。すると子どもたちは，身の回りのダンボール片だけではなく，人形づくりに使えそうなダンボール片を探しに出かけて行った。さらに，パズルのピースのように並べながら組み合わせを考え，リベッドで留めていった。

*7　ブリコラージュ
フランス語の「bricoler（ブリコロール）」＝素人仕事，日曜大工をもとにした用語で，あり合わせの道具や材料を使って目的を達成しようとすること。「器用仕事」と訳される。この場合，「広告用紙やカレンダーの裏紙」という日常生活で捨てられてしまうものを「素材」として扱い，モチーフを作り出したことを"ブリコラージュ的"であると表現している。
レヴィ ストロース『野生の思考』みすず書房，1976．参照。

*8　カイヨワ(Roger Caillois) が『遊びと人間』のなかであげた6つの「遊び」の特徴の一つ。

2）パペットは分身

造形遊びを終えてダンボールを片付けた後も，パペットを捨てずに持っている数人の女児たち。自由時間では引き続きパペットを使ったごっこ遊びが続いていた。それを見た他の子どもたちも，手足が動くパペットをつくりたいと保育者に申し出てきたことから，翌日の主活動でパペットをつくることになった。ボール紙に描いたものを切り分け，リベッドで留めてつくったパペットを手に，子どもたちは仲よしの友だちの席へ出かけて行き，ごっこ遊びを始めようとしている。なかには，保育者の問い掛けに対してパペットを動かして答える等，いわば自分の分身のように感じている幼児もいた。

3）成果発表としてのパペットシアターへの展開

ここまで，造形遊びからパペットづくりへ展開された過程を見てきた。パペットを自分の友だちや分身のように感じながら遊ぶ子どもたちの様子からは，保育者が子どもの興味・関心をよく観察し，気持ちに寄り添ったことで，充実した活動となったことを考察できる。

一連の造形表現活動の成果発表の方法として，子どもたち一人一人が制作したパペットを用いた「パペットシアター」を提案したい。実演する他，パペットの手足がリベッドで動くことを活かしたアニメーション[*9]の制作，パペットが登場する物語に子どもたち自身で吹き替え（アテレコ）したムービー等の映像表現が考えられる。就学前施設の成果発表会や地域の文化祭等の場で，一連の活動のドキュメンテーション（記録）と実物，ムービーを展示することは，日常の遊びから生まれた幼児の連続性のある表現や表現活動を可視化し，子ど

もが生きる世界を保護者や地域社会へ発信する機会につながるといえる。

＊9　アニメーションの制作方法については，第8章を参照。

4　なりきる楽しさから発表の場へ

　本節では，子どもたちの水族館遠足の経験が多様な遊びへと展開し，運動会のパラバルーンの演技までつながった様子を考えてみたい。

事例6－4　「海の世界へ…」　こども園　5歳児　6月～10月

　水族館遠足へ行った翌週，3～5歳の子どもたちとからだで表現し遊んでいると，4・5歳児が先週遠足で行った水族館の生物になりたいと言う。特に大好きなのはエイ，ペンギン，チンアナゴ。エイが悠々と泳ぐ様子や，食いしん坊のペンギンが餌を食べる様子，チンアナゴが波になびく様子を思い思いにからだで表現している。海の生物をイメージした音楽をBGMにチンアナゴになりきると，子どもたちのからだは一斉にすっと伸び，各々のタイミングで縮んだり，波にあおられて揺れたりしていた。本当の海の世界に来たかのように，子どもたちがぐっと表現の世界へ入り込んでいた。「あ，絡まっちゃった」と誰かが言う。すると，それぞれが砂から抜け出し，ふわふわと泳ぎながら友だちのチンアナゴと絡まり始めた。絡まっては離れ，また絡まっては離れ，本物のチンアナゴが海を泳いだり絡まったりするかどうかはわからないが，それぞれのイメージでチンアナゴの世界を楽しんでいた。その後，保育室では海の生物を描いた絵や，海の生物について調べたことが展示されていった。保育室の様子が更に，今後も水族館の生き物になりきる時の子どもたちの気持ちを高めていった。

　これらの様子をふまえて，運動会では水族館を題材にしたパラバルーンの演技を行うこととなった。パラバルーンの演技は，年長が毎年行っている演技である。今回は透明のホースに思い思いのキラキラとしたリボンやスパンコールで装飾をしたフラフープ型の道具をつくり，それをいろいろなものに見立てながら展開した。まず，フープをハンドルに見立て，遠足で乗ったバスを想像しながら水族館へと向かう。次に，フープが大きな水槽の窓になり，窓をのぞきこむ（写真6－3）。すると，窓が海への入り口となり，海の世界に引き込まれていく。その後，フープを頭に見立てて「クラゲ」，床に置いて住処に見立てて「チンアナゴ」等を表現し，最後にバルーンの演技へと移っていく。バルーンはみんなで卵に見立て，大きな卵から亀が生まれる様子を表した。更にバルーンを海の波に見立てて体育館中に年長児みんなで走りながら大波を表現し（写真6－4），最後は再びフープを持って海の泡を表現しながら演技を終えた（写真6－5）。大体の演技の流れは決まっていたが，練習のたびに子どもたちのつくる海の世界は変化していった。運動会当日も，入場門を「チンアナゴ」の住処に見立てて自分なりの表現をする子どもたちがいた。そしてどの保育者

第6章　遊びが紡ぐ表現

写真6-3　窓をのぞくと…

写真6-4　大波だ！タープをバルーンの代わりにして

写真6-5　それぞれのキラキラフープ

も，「門に隠れるのも，あの子の表現で面白い」と，子どもたちそれぞれの姿を認めていた。

　また運動会まであと10日ほどにせまったある日，子どもたちは遊びのなかで保育室にある布をパラバルーンに見立てて遊び始めることがあった。それは，忍者の身体表現で遊んでいた時のことである。忍者の修行中，誰かが「隠れ身の術」と言った。すると近くにある布を持ち出し，パラバルーンの演技で行っているように布の中に数名で隠れ始めたのである。その後，引き続き隠れ身の術の修行をしていたのだが，そのうち布の色に応じて，「ねえ見て，スイートポテトだよ」「メロンアイスだよ」と，忍者遊びから離れた異なる遊びが展開し始めたのである。

　このように，子どもたちの遊びや生活のなかでの様子に着目することで，運動会で一般的に行われているパラバルーンの演技が，園独自の表現になっていく。そして運動会の経験もその後の子どもたちの遊びのなかで展開されるようになる，という循環が起こっていく。子どもたちの生活や遊びのなかには，いくつもの表現の種が隠れているのだ。

　保育者は，毎日の保育のなかでもちょっとした表現の種を見つける目をもちたいものである。絵本の読み聞かせで思わず動いた子どものからだを見つけ，翌日はその絵本をもとにからだでなりきって遊んだり，いつもの手遊びを少し変化させ全身で表現してみたり，雨降りでプールに行けなかった日は保育室でプールに入る身体表現を楽しむ等取り組んでほしい。そしてその経験が，発表の場へとつながっていくのである。

●演習課題

課題1：遠足で水族館へ行った。あなたならこの体験をどのように遊びにつなげることができるか，グループで話し合ってみよう。

課題2：あなたが子どもの頃に経験した行事や発表を振り返り，それが日常の遊びとどのように関連していたかグループで話し合ってみよう。

課題3：グループで好きな絵本を1冊選び，それをもとにして遊びを考えてみよう。

コラム　子どもの遊びの世界

　なべちゃんとたまちゃんは保育者養成校で身体表現の授業を担当している。その二人が、子どもたちが思い思いに遊ぶ保育室に行き、「今日何して遊ぶ？」等と話しながら身体表現を展開していく。日によって遊びに来る子どもは違い、途中で違う遊びに興じる子どももいれば、活動の終わりを告げる前に一斉に他の遊びに移ることもある。入れ替え自由の身体表現である。以前は、何をテーマに遊ぶかあらかじめ準備していたが、子どもたちの今の興味に合致しないと次第に参加者が減り活動にならない。試行錯誤の末、その時・その場でテーマを決め、「なべたま」と子どもたちが身体表現を創り上げていくスタイルになった。

　ある日、3～5歳児の保育室に入ると、何人かの子どもたちがワニになっていた。そこで一緒にワニになって遊びながらたまちゃんを中心に海の生物を表現していると、誰かがブロックの上に立ち釣りを始めた。これは面白いと思って釣られてみると、そのやりとりを見ていた、違う遊びに興じていた子も釣りを始めたのである。そして一通り釣りに満足すると、また別の遊びや身体表現に移っていった。

　別の日、保育室では一本足でケンケンする動きが流行していた。そこで私たちは共に一本足でケンケンする動きに興じた。次第に「傘お化けみたい」「フラミンゴみたい」等と子どもたちそれぞれがイメージを広げ、そのイメージから広がる身体表現を30分ほど楽しんだ。帰り際、活動を見ていた園の保育者が教えてくれたのだが、あるクラスで先生の靴が片方脱げてしまい、ケンケンで靴を取りに行く先生の姿を見ていた子どもたちから片足ケンケンが流行したのだそうだ。みんなを虜にしたその動きは、クラスを超えて伝播していったようである。またある日の1・2歳児の保育室では、子どもたちがブロックで乗り物をつくって遊んでいた。そこで乗り物の身体表現を行ったのだが、ある男児がブロックの車を手に持って走らせながら参加している。その後、他の表現活動に移るとさっと姿を消し、乗り物の活動になるとまたブロックを持って一緒に遊び始めた。

　このように子どもたちには、その時・その場で取り組みたい遊び、保育室のなかでつながっている遊び、継続して興味を抱いている遊び等、それぞれの遊びの姿がある。保育者は、子どもたちの遊びや生活、その時・その場の興味を見つめ、子どもと共にからだで表現することで見つけた表現の種を耕し、子どもたち一人一人の遊びの世界がより豊かになるよう援助していきたい。

写真6-6　ワニになりきる

第7章　素材が紡ぐ表現

遊びのなかで子どもが出会う様々な素材を，諸感覚すべてで感じ取り，素材の特徴や活動の面白さ，留意点等を考え，理解を深める。子どもが様々な素材に出会うためには，保育者自身の教材研究が重要である。「何を表現するか」より，素材そのものと向き合い，その素材を用いて「どうやって表現するか」を実践的に理解する。

1　素材との出会い

（1）ものへの興味──からだの諸感覚で感じる

　表現活動は，常に「もの」と関わる感覚をともなう活動である。私たちの生活の周りには，様々な「もの」があり，子どもは身の回りにある「もの」と出会い，関わり合いながら，自分と「もの」との関係性を知り，この世界の成り立ちを理解していく。

　「もの」は，子どもにとって興味の対象である。生後数か月の乳児も様々なものの色や形に興味を示し，触れたり関わったりしながら，やがて遊びに結びつけ，さらに表現へと展開していく。

　「もの」は，私たちの感覚を刺激する。色，形，手触り，音，香り等の感覚を通して，様々なことを感じ，考える。これは領域「表現」[*1]において第一義的に大切とされる感性の育ちに深く関わる。様々なものと関わる体験を積み重ねていくなかで，手先の発達（微細運動[*2]）や思考機能の発達と共に表現活動が始まる。成長過程において，ものと関わる豊かな経験が，やがて導かれる表現行為の想像力の源となるのである（写真7-1）。

*1　領域「表現」では，「感じたことや考えたことを自分なりに表現することを通して，豊かな感性や表現する力を養い，創造性を豊かにする」ことを目的としており，「感じる・考える」という自分の内面に取り込むインプットと，「自分なりに表現する」アウトプットの行為の相互性の重要性を指摘している。

文部科学省『幼稚園教育要領』（第2章），2017．

写真7-1　新聞紙をちぎって遊ぶ1歳児
注）紙をつまむ，引っ張る，破る楽しさを発見し，遊びのなかで新聞紙という素材の特性を学んでいく。

（2）素材は身の回りにいつもある

　幼稚園教育要領（以下，教育要領），保育所保育指針（以下，保育指針），幼保連携型認定こども園教育・保育要領（以下，教育・保育要領）では，「いろいろな素材に親しみ，工夫して遊ぶ」[1]ことをねらいとしている。

　「素材」とは，「もの」であり，それを遊びや表現として豊かな発想へ活用，展開できる多様な可能性をもつものを指す。保育において，表現で扱われる素材とは，一般的な画材や教材はもちろんのこと，子どもが生活のなかで興味や関心を抱いた身の回りにある様々なものが対象となり得る。例えば，園庭や散歩で見つけた自然物も表現の観点からみれば豊かな素材といえる。子どもがポケットに集めてきた様々な木の実や葉っぱ等もこの世に二つとない宝もののような素材となる。これらを地面に並べ始める子どもにとっては単なる「遊び」かもしれない。しかし，その行為には，色や形への関心，構成のバランス，手触り等，様々な感覚的，創造的な表現要素が含まれており，現代アートのインスタレーション[*3]等にも通じるものがある（写真7-2）。

　また，古新聞や空き箱，割り箸やペットボトル等の生活用品やリサイクル品等も，子どもにとっては表現素材となる。これらを組み合わせて遊び，何かに見立て，表現に結び付けていく発想の豊かさに，保育者（幼稚園教諭・保育士・保育教諭をいう）は驚かされるほどである。

　保育者は，多角的な視点で子どもが興味を示したものに即応し，表現活動へ展開していけるよう，柔軟な姿勢で共に豊かな活動を楽しみたい。

＊2　微細運動
　主に指先の細部の発達と共に様々な複雑な運動（持つ，描く等）が可能となる。体幹四肢の運動機能が粗大運動とよばれるのに対比される。

1）文部科学省『幼稚園教育要領』[第2章]，2017.
　厚生労働省『保育所保育指針』[第2章]，2017.
　内閣府等『幼保連携型認定こども園教育・保育要領』[第2章]，2017.

写真7-2　散歩で得た収穫物を並べて遊ぶ5歳児
注）葉っぱ，ドングリ，枝，木の実，セミの抜け殻等，自然物は子どもにとって素材の宝庫。

＊3　インスタレーション
　ギャラリーや美術館の屋内，また屋外において，絵画，彫刻，映像，写真，音響等様々な表現技法を用いて，場所や空間全体を総合的に表現しようとする現代美術の表現手法。

2　発想を豊かに広げる表現素材

　造形表現活動を行うためには，素材を必要とする。例えば，画用紙や折り紙，油粘土等は代表的であるが，保育においては，その他様々な素材を取り扱う。保育のねらいや，子どもの興味・関心を考えた時，保育者がより多くの素材の知識や扱い方をもち合わせておくことにより，表現活動を豊かな，発展的なものへと紡ぐことができるだろう。

　造形表現を考える時，平面表現（絵画技法）で扱う素材（支持体）と，立体表現（粘土遊びや工作）で扱う素材に大別できる。一般的に絵を描く場合，クレヨンや絵の具での表現には画用紙が適しているが，テーマやイメージによっては色画用紙やダンボール，また新聞紙や広告紙等の使用も検討することにより表現の幅が広がるだろう。粘土も，子どもが親しみをもって自由な形を造作

できる代表的な素材であり，油粘土をはじめ，用途によって様々な粘土がある。また，立体的な工作や工芸，多様な表現（ミクストメディア：様々な素材や技法を混同して使用する表現）のために，木材，金属類，プラスチック，その他身近な生活素材やリサイクル品等も造形表現で活用できる。保育者は，それぞれの素材の基本的な知識をもちながらも，子どもと共に様々な工夫やアイデアを取り入れ，活用していくことがポイントとなる（図7-1）。

（1）自　　　然

自然は，四季折々，日々の変化のなかで，美しい姿を私たちに魅せて

図7-1　発想を豊かに広げる造形素材

くれる。子どもの育ちにとって，こうした自然に目を向け，そこから様々な刺激を受け，表現していくことが大切であり，豊かな感性の土壌を培うことになる。カーソン（Rachel L. Carson）は，乳幼児期に人間を超えた神秘的な存在を認識し，感嘆する感性を育む「センス・オブ・ワンダー」[2]の重要性を説いている。

2）レイチェル　カーソン，上藤恵子訳『センス・オブ・ワンダー』新潮社，1996.

自然界には様々な美しい色や形，音，感触，香り等，リズミカルで動きのある形にあふれている。自然が織りなす様々な色合いには，人の手では決してつくり出せない造形美がある。子どもは生活のなかで，そうした日々の変化や不思議さを発見し，感性を育んでいく。特に，自然と触れ合う機会が減少してきた昨今の都市部や住宅街の環境では，保育者が散歩や園庭での遊びのなかで，積極的に自然と出会う体験を設定したり，子どもの発見や気付きを汲み取り，自然の美しさや不思議さをテーマや素材として表現活動へ取り込む援助を考えていくことが豊かな保育実践のポイントとなるだろう（写真7-3）。

写真7-3　アースワーク[*4]「落ち葉のグラデーション」（学生作品）

注）拾い集めた1枚1枚の葉の色の美しさや変化に感動し，それらを並べていくことで，グラデーションの表現活動へと展開していく。

第7章　素材が紡ぐ表現

*4　アースワーク
　ランドアート等とも呼ばれ、1960年代より、アメリカを中心に広まった現代アート。自然素材、岩、石、木、植物、大地、川、海等、自然素材や自然環境を美術表現として扱った様々な規模のアート。スミッソン（Robert Smithon）やマリア（Walter de Maria）などが代表作家。ゴールズワーズィー（Andy Goldsworthy）は、自然物を用いて様々な形を自然フィールドのなかで表現し、写真で撮影したものを作品化している。自然の色彩や形態の美しさを際立たせ、観るものに様々な驚きと感動を与える。

1）表現テーマとしての自然

　自然は、環境であると同時に、私たちの様々な感覚を刺激し、そこから感じたものを表現するテーマを与えてくれる。特に太陽の光は、生きとし生けるものすべての恵みである。光は造形表現にとっても重要な要素であり、光によって様々な色や形の美しさを感じることができる。子どもは、陽の光の暖かさ、夕焼けの美しさ、光と影の不思議さ等、日々の変化を敏感に感じ取り、感嘆する。保育者は生活のなかで、子どもの発見や驚きを見逃さず、それぞれが感じたことを様々な表現に結び付けていきたい。例えば、影の面白さに気付き、影の形で遊ぶ、光と色の美しさを透過素材を使いステンドグラス風の表現活動をする、影絵等をつくり演じる等、光を素材に様々な表現が展開できる。

　風もまた、私たちに様々なインスピレーションを与える。風は目には見えないが、心地よさや強弱等をからだで感じている。風で遊ぶおもちゃを制作したり、風の動きを絵に描いてみたり、表現活動のテーマとすることもできる（写真7-4）。

　雨もまた様々な想像をかきたてる（写真7-5）。地域によっては、雪を用いた表現も可能だろうし、自然環境をからだで知覚できる経験、そこから感じる様々な思いや想像を形にする造形をつくり出していけるとよい。生活経験と表現との関連を他領域との関係も含めて、常に保育に取り込む意識をもっていたい。

写真7-4　風と遊ぶ
注）ポリエチレンテープでつくった「風発見リボン」を持って園庭を駆け巡りながら、風の動きをリボンの動きから視覚的に感じたり、体感的にとらえて表現に展開する。

写真7-5　ガラスに描く雨の景色
注）梅雨時の空気感や雨のなか色づく植物の生き生きした感じが、ガラス絵（アクリル版）に描かれている。スポンジで着彩した柔らかいい雰囲気のバックに、スクラッチ（ひっかき絵）によって描かれた雨の技法がリズミカルに表現されている。

2）自然物素材──収穫物からの創造

　自然物は、二つとして同じものはなく、人工物にはない美しさや不思議さがある。四季折々に咲く花、様々な色や形の葉っぱ、曲がりくねった枝、大小いろいろな木の実等は、子どもにとってうって付けの造形素材である。それらを集めてきて、台紙に貼ったり、箱に並べて庭に見立てたり、色を塗ったりする

2 発想を豊かに広げる表現素材

だけで，造形のイメージはとめどなく発展する（写真7-6，7-7）。

魅力のある素材は，子どもの興味や関心を惹きつけ，表現のイメージや意欲を高める。保育者が，制作活動

写真7-6　木の実の採取

注）わくわくするような自然の表現素材からは，「何かをつくりたい」「何をつくろうか？」等の意欲や想像を喚起する。

写真7-7　落ち葉のフォルメン

注）いろいろな葉っぱの形の面白さに気付く。組み合わせると顔になったり，子どもは豊かな発想力をもって，見立て遊びをしながら，自ら表現物へと仕立てていく。

のテーマを設けてもよいが，自然素材との関わりから想像を展開していく子どもの主体的な表現力を尊重しながら柔軟に援助していきたい。保育者は子どもだけでは集めきれない素材や十分な量を準備したり，自然素材がゆえの衛生面の管理等に配慮する必要もある。

（2）紙は造形表現の基本であり応用

　紙は，造形表現において最も身近な素材である。じっくりと一枚の絵をクレヨンや絵の具で描きあげるには，画用紙が適した支持体といえるが，ケント紙や水彩紙等，紙質が変われば，表現も繊細に変化する。また，色画用紙，和紙，ボール紙，ダンボール等に描くことで，表現の幅も広がっていく。紙の大きさも，規格サイズ（A判，B判等）から，自由に大きさをカットできるロール紙まで，様々である。描画イメージは，画面の大きさによって大きく影響を受けるので，表現の目的や用途によって，適切な大きさの紙を選択したい。

＊5　素材は「活用」することと共に，「変容」させることで，様々な表現方法を生み出す。素材を実験的に研究することで思わぬ効果をみせることもあるので，表現の多様性をたえず試行するとよい。

紙は，ちぎる，切る，折る，貼る，組み立てる等，様々に変容＊5させることができる特性ももっている。保育者は，様々な紙の特性と相性のよい描画材（クレヨン，

写真7-8　色紙の切り貼りコラージュ

注）はさみは発達段階ごとに経験を重ねることで微細運動機能の発達につながる。色画用紙を様々な形に切り取り「何に見えるか？」想像をふくらませながら友だちと楽しく切り貼りして遊ぶ。

写真7-9　ダンボールビルディング

注）大きな箱にみんなで着彩をほどこす。立ち上がって，立体物に着色する作業もまた楽しい。「みんなでマンションをつくってみよう。自分の部屋は何色にしようかな？」。

61

絵の具，マジック，墨等），また接合・接着方法（でんぷんのり，液体のり，スティックのり，ボンド，ホチキス，結ぶ，組む等）について十分な教材研究をしておく。それが子どもへの適切な援助につながるだろう（写真7-8，7-9）。

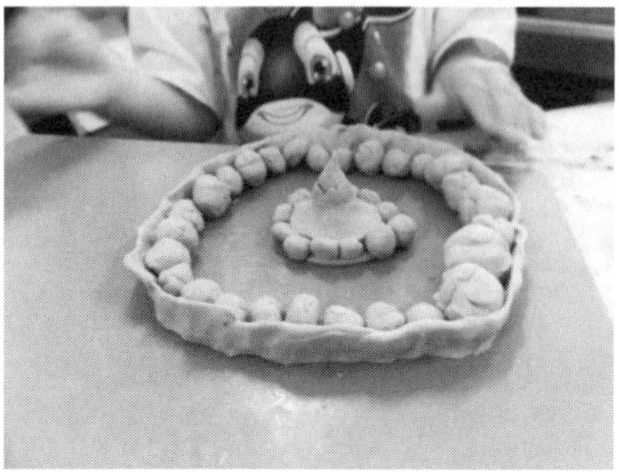

（3）粘土の感触

粘土は，手先や触覚の身体感覚を大いに刺激しながら，直接的に立体造形物を表現できる素材であり，乳幼児から楽しむことができる。いろいろな形に変化していく特性をもち（可塑性），子どもは粘土に触れながら様々なイメージを見立て，表現していく（写真7-10）。保育では油粘土が一般的であり，一定の柔らかさを維持できるため，何度も使え，管理もしやすい。低年齢時には指の力もまだ弱く，少ない量や小さな粘土に触れる体験を楽しんだり，型押し等，粘土が様々な形に変化することを体験したりしていけるとよい。3歳以上になると，微細運動も発達し，様々なつくり込みを楽しめるようになる。ヘラ等の道具類を使ってみたり，芯材（アルミ線や枝，石等）を活用したりすることで立体的な作品をつくる醍醐味も味わいたい。

また，自然土（水粘土，土粘土）は，水分の調整によって柔らかくも硬くもでき，多くの量を扱って遊ぶこともできる。昨今は，様々な紙粘土や，木粉粘土，オーブン粘土等が開発されており，それぞれの用途に適した素材を選ぶとよいだろう。

代替え粘土として，小麦粉粘土や寒天等も保育ではしばしば用いられる。また，新聞紙をちぎってのりと混ぜ合わせ紙粘土を自分たちでつくってみる等，素材づくりを体験することで，様々な発見をし，達成感も得ることができる。

（4）透ける美しさ——透明素材

光は，私たちに様々なインスピレーションを与える。子どもが自然に指の影絵で遊ぶ姿も感覚的な刺激を受けている証拠である。光によって様々なものが美しく見え，そこからできる影は，想像をかきたて，物語を想起させる。色もまた光によってその鮮やかさが強調される等，光は私たちの感覚や

写真7-10 おだんごとへびさん（ひもづくり）からの展開
注）粘土は形の自由な変化を楽しみたいが，おだんごやひもが，粘土造形の基本となる。沢山のおだんごとひもをつくり，そこから広がる子どものイメージを見守りたい。

写真7-11 光のティピーテント
注）自分たちがつくった作品をティピーテントに飾ると，さっそくそのなかで絵本を読んでくつろぐ。居心地のよい場所を手づくりする楽しさ。

写真7-12 即興影絵劇場
注）影絵は魅力的な題材。画用紙を切って自作した人形で，台本等がなくても子どもは想像力だけで物語を演じていく。

創造性を刺激する。この光のもつ特性や魅力を保育活動にぜひ取り込みたい（写真7-11，7-12）。

近年は，透過性のある紙素材，フィルム等の素材が豊富に販売されている。子どもの扱いやすいもの（切りやすい，貼りやすい等）を選択し，造形活動へ取り込んでいけるとよいであろう。

（5）木材，金属，プラスチック

立体造形を考えるとき，木材や金属，プラスチック等を扱うことで，表現の幅が広がるが，子どもの発達過程や安全性を考慮すると，制限されることも多い素材である。素材の特性を知り，材料の工夫や子どもに扱いやすい素材を選択することで，表現活動へ取り込むことも可能だろう（写真7-13）。

近年は，木の魅力を再認識し，幼児期に木と触れ合う大切さを体感させる木育等の試みも盛んである。道具を安全に扱う方法等を学びながら，金属やプラ板等少し扱いにくい素材にも挑戦し，様々な素材の特性を知り，多様な造形方法の魅力を伝えていきたい。ただし，子どもが十分に扱えるよう，保育者の教材研究や事前準備，安全への配慮が欠かせない。

（6）生活素材

身の回りで，様々な用途に使われる生活雑貨は，発想や工夫次第で，表現素材ともなる。既存の形から発想を広げたり，活用したり，また変容させていくことで，驚くような造形物が出来上がっていく（写真7-14）。表現素材としては，牛乳パックや空き箱，ペットボトル，紙コップ，紙皿，割り箸，ストロー等，あげればきりがない。立体的な造形物を制作する場合，保育者はどのように着色するか，接合するか等の知識・技術を事前に研究しておき，子どもの発想を柔軟に受け止め，手助けする（写真7-15）。「生活の中でイメージを豊かにし，様々な表現を楽しむ」[3]ことができるよう保育者も常に柔軟な感性をもち合わせながら，子どもの豊かな表現に結び付く素材について敏感でありたい。また昨今は，画材店や文具店以外にも，安価で様々な生活素材を入手できる店舗や，ホームセンター等，教材研究のヒントにあふれている。保育者も豊かな発想や視点をもって，表現に結びつく素材探しにも気を配っておくとよいだろう。

写真7-13 板と竹ひごのカリンバ（指ピアノ）

注）竹の弾力性と，板が振動する特性を活かして，つくった楽器。竹の長さを調節して，自分で音程を考えたり，作曲したりと，造形から音楽の表現遊びに展開する楽しさが味わえる。

写真7-14 筒状のダンボールに，クリアファイルを被せた太鼓

注）音が鳴る仕組みを見つければ，素材の工夫次第で何でもつくれる。

写真7-15 ダンボールとピンチの虫たち

注）年長児にもなれば，やや硬いダンボールを切ることにも挑戦。いろいろな色と形の虫たちの声が聞こえそう。手芸用のモールで足をつくり，洗たくばさみをつけたら，どこにでも挟んで止まる。

3) 文部科学省『幼稚園教育要領』(第2章), 2017.

厚生労働省『保育所保育指針』(第2章), 2017.

内閣府等『幼稚園連携型認定こども園教育・保育要領』(第2章), 2017.

また近年は，衛生問題やアレルギー対応等も留意事項である。リサイクル品を活用する場合もあるだろうが，選別，下処理等にも配慮したい。

(7) 共同制作での素材の活用

　表現活動では，時には協力し合って，一人ではできない大きな作品を制作したり，互いの発想をもち寄ることで，新しい発見をすることができる。何よりもつくりながらコミュニケーションを楽しみ，友だちとの関係性を深めることができる。みんなで制作した達成感を味わうことで社会性を学ぶことにもつながる。日々の生活経験から広がる子どもたちのイメージを，子どもたち自身で話し合い，ふくらませ，どう表現していくか，保育者が子どもの主体性を大切にしながら，素材や技法について援助できるとよいだろう。様々な試行錯誤の経験を大切にしながら，イメージをどのように形にしていくか，素材をどう生かしていくか，柔軟な発想力をもって，子どもたちと共に造形活動を楽しめるとよい（写真7-16，7-17）。

写真7-16　共同制作　まちづくり　消防車
注）ダンボールを組み合わせて，本当に乗れる消防車。子どもたちが話し合い，試行錯誤し，いろいろな素材を工夫しながらつくった力作！

写真7-17　共同制作　まちづくり　ドリンクバー
注）子どもの表現のなかには，生活のなかでの経験や観察している点が詰まっている。日々の生活で家族と訪れるファミリーレストランを再現するために，様々な楽しい工夫が凝らされている。ボタンを押すと実際にジュース（つくり物）も出てくるリアリティーのある作品。

(8) 素材を提供する環境の工夫

　子どもの主体的な表現活動を援助するために，どのように素材を提供していけばよいだろうか。保育者が表現活動や作品についての完成像を決めつけすぎてしまうと，素材も限定されがちになり，子どもの様々な発想を引き出すことはできない。どのような素材を，どのように提供するのか，また環境として構成していくかによって，表現活動の豊かさに影響を与えるといえる。魅力ある

素材は子どもの好奇心や想像力を高め，表現への意欲や豊かな発想を触発する。例えば，様々な色の画用紙や様々な形のダンボール，ひもやビニール，クレヨンやペン等多様な描画材等，子どもの発達に合わせながら，使える素材や方法の提供に幅をもたせることで，各々が選択する機会が増え，それぞれのイメージに合った素材や表現方法によって個性的な表現活動へと展開することができる（写真7-18）。テーマを設けたクラス活動においても，子どもがそれぞれ自分の気に入った素材を選択できるよう事前準備をすることで，画一的ではない魅力的な表現へ展開することができる（写真7-19，7-20）。また，コーナー保育であれば常に多種多様な素材を配置することで，子どもなりにお気に入りの素材を選び，活動することができる（写真7-21）。子ども一人一人が主体的な表現活動ができるよう多様な素材を提供し，また活動中も子どもの興味や関心に応じて柔軟に援助していけるよう，表現の場を保障していくために保育観が問われることになる。

● 演習課題

課題1：光，風，雨，空，雲等，自然の現象をテーマにした表現を考えてみよう。

課題2：キャンパスや公園等の屋外に出て，自然物を見つけてアースワークを実践しよう。

課題3：気になる素材を見つけてこよう。それを使って何が表現できるか考えてみよう。

写真7-18　多種多様な素材の提供

注）紙の材質や色合い，ひもやテープなど，豊富な素材の選択肢が，創造の意欲を触発する

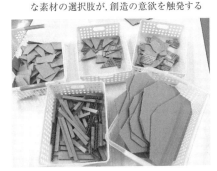

写真7-19　鬼のお面の材料

写真7-20　いろいろな形で造る鬼のお面

注）ランダムに切り分けたダンボールを活用した個性的な鬼のお面。テーマ活動においても，画一的な素材準備ではなく，ちょっとした工夫が，子どもの個性的な表現を引き出す。

写真7-21　コーナー保育で魅力ある素材の提供を

注）コーナー保育は，子どもが主体的に表現活動を深めていける場となる。季節や時事に応じて，定期的にテーマや素材を入れ替えて，気力あるコーナー環境を構成したい。

コラム　素材から生まれる表現活動

　保育において，造形表現活動を展開するためには，「どのように表現するのか」というプロセスが大切となる。一斉活動の場や行事のための制作では，まずテーマを決めて，次にそれぞれに適した素材や表現技法等を教材研究し，活動を組み立てていくことになるだろう。

　しかし，造形表現のためのアプローチには，素材や技法からアイデアが浮かび，展開される場合も少なくない。多くの素材は，子どもにとって初めて出会う「もの」であり，直接，その素材に触れながら，興味をもち，驚いたり試したりしながら，素材の特性を知っていく。そうした実験的な行為から，表現に結び付けることも多々あり，低年齢児の保育や，自由保育ではむしろ，素材の魅力や技法の面白さから子どもの自由な発想が広がり，制作意欲が高まることも多い。目の前で起こっている現象，例えば「色が混ざり合って不思議な色ができた」「動物のような形になった」等の偶発的なプロセスや，「この形が面白い」「触り心地が気持ちいい」等の素材との触れ合いから，様々な表現が展開していくこともある。

　造形表現は，「何を描くのか」「何をつくるのか」という目的に注目されがちであるが，人と「もの」との関係性のなかから生まれるものも大切に扱い，「素材」に触れ，子ども一人一人が素材から感じる様々なイメージを表現に結び付けていくことで，個性的な表現世界を広げていくこともできる。例えば，「紙」について，まず最初に目で見て，触ってみる。丸めて，ちぎって，色を塗って，のりで貼ってみる等の様々な関わりのなかで紙という素材を知る。そこから「何ができるか」「何をつくろうか」「どうつくろうか」という，素材との対話が生まれる。素材を知ることから始める表現活動は子どもたちの想像をかき立て，思わぬ発想を生み出す活動となるだろう。

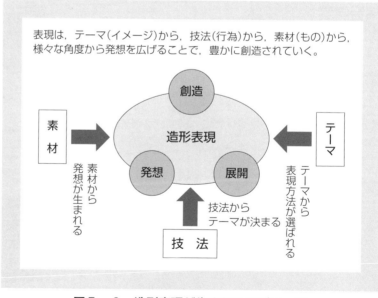

図7-2　造形表現が生まれるアプローチ

第8章 多様な情報機器で紡ぐ表現

　教職課程コアカリキュラムでは，情報機器の活用を想定して保育を構想する方法を身に付けることが求められている。また，幼稚園教育要領等では子どもの園での直接的な体験を補完したり，関わりを考えた情報機器の取扱いが明示されている。こうした情報機器をどのように表現活動に取り入れることができるのか考える。

1　メディア時代の表現教育の現状と課題

　こだわりのカフェで注文した「写真映え」するスイーツを，写真加工アプリを起動したスマートフォンで撮影し，ソーシャル・ネットワーキング・システム（SNS）*1に投稿する。日常生活の何気ない1コマを専用動画アプリで記録し，ウェブ上で共有する—。誰もがインターネットにアクセスできる現代，1日に何千万枚以上もの画像や動画がウェブ上にアップロードされ続けている。フォロワーと呼ばれる第三者は，撮影者の意図が意識的にも無意識的にも含有された画像や動画の視覚情報を読み取り「いいね」や「イマイチだな」といった批評をする。2007（平成19）年にApple社のiPhoneが登場して以降，物心ついた頃からネット環境やデジタル端末が当たり前の環境にあった「デジタルネイティブ世代」*2に限らずすべての世代において，InstagramやFlicker，YouTube*3をはじめとした画像・動画コミュニティへの市民参加が後押しされた。サービスの享受者から，能動的な表現者となる，「誰もが表現者の時代」（川上量生）1)の到来を意味する。

　いつの時代も，新しいメディアの登場は同時に教育現場での取扱い方についての議論を生み出している。古くは，ラジオ，映画，テレビまで遡り，最近ではインターネットに接続されたタブレットやスマートフォン等のデジタル端末がその対象とされる。この古くて新しい課題は，美術教育でも同様に議論され続けていて，写真，映像，マンガ等がその対象となり，教科教育に取り入れ

*1　ソーシャル・ネットワーキング・システム（SNS）
　インターネットを使用して不特定多数の人がつながるサービス，仕組みの総称。

*2　デジタルネイティブ世代
　生まれた年代別に様々な特徴付けがなされ命名されているが，本章においてはそれらの総称として「デジタルネイティブ世代」と示す。

*3　Instagram，Flicker，YouTube
　いずれもビジュアルイメージに特化したソーシャル・ネットワーキング・システム（SNS）である。

1) 川上量生『角川インターネット講座（4）ネットが生んだ文化　誰もが表現者の時代』角川学芸出版，2014.

第8章　多様な情報機器で紡ぐ表現

＊4　ポスト・インターネット
インターネットがもはや日常化して，インターネットと現実空間の境界がほとんどない状況を指す。2008年のインタビューでのオルソン（アーティスト，批評家，キュレーター）が初めてこの言葉を使用したとされている。

2）『ランダムハウス英和大辞典（初版）』小学館，1973.

3）水越伸・飯田豊・劉雪雁『メディア論（放送大学教材）』放送大学教育振興会，2018.

＊5　フィスク（John Fiske）はメディアを，①表象的メディア（Presentational media）：話し言葉，表情，ジェスチャー等のコミュニケーションをとるために必要な行為を指し，発信者自身がメディアとなる，②具象的メディア（Representational media）：書籍，絵画，写真，建築等の文化的及び美的規則に基づいてつくられる創造的な具象物，③機械的メディア（Mechanical media）：電話，ラジオ，テレビ等で，前出の①と②のメディアを発信する機

られてきた経緯がある。最近では，鑑賞者と共につくりあげるワークショップ形式の表現や，テクノロジーの進歩と共に発展しているデジタル・アート等が議論の対象とされ，いずれも，絵画や彫刻等の純粋芸術（ファインアート）では説明しきれない，写真やメディア・アート等の新しいメディア表現や，マンガや映像等，複数のメディアの組み合わせによる表現，造形行為が最終的にものに結び付かないパフォーマンス等の活動に，どのような教育的意義を見いだすかが論点になっている。

美術教育に限らず，これまでの教育の歴史を振り返ると，新しいメディアや新しい考え方の導入に対する姿勢は常に慎重である。よくいえば，子どもの発達に本当に必要なものかを見極めているのであり，一方で「変化」に対する責任の重圧から保守的になりがちであるということでもある。現代社会／現代アートの文脈と教育実践にはギャップがあり，教育現場は常に葛藤を抱えながら，「表現とは何か」という本質的な問いと向き合うことが求められているのである。加えて，現代的課題として「ポスト・インターネット」＊4〔オルソン（Marisa Olson）〕の状況における「表現の学び」がどうあるべきかの議論が必要とされている。

本章では，乳幼児の「表現」活動を，「メディア」をキーワードに紐解き，実践例を紹介しながら，領域「表現」の可能性をまとめていく。

2　メディアと表現活動

（1）表現におけるメディウム／メディアとは

メディア＝mediaとは，「媒体・媒質」を意味し，何かと何かをつなぐという意味をもつ言葉で，メディウム（medium）の複数形を指す。芸術用語では，①絵の具を溶くための媒材，展色剤，②制作に使う材料，芸術表現の手段または技法と定義される²⁾。メディア論では，「コミュニケーションを媒（なかだち）するモノやコト」を意味し，媒体＝メディアによって「情報の伝達と感情や思想の共有（交感）」が媒介＝メディエーションされるととらえられている³⁾。これらの定義に基づくと，子どもの表現活動で扱われるメディアは，①粘土，絵の具，自然素材や新聞紙といった伝統的な素材，②音やリズム，身体表現，言葉等の表現様式が想定できる。さらに，「表現」を双方向的な活動とした場合，コミュニケーションを媒介するものやこと自体もその対象となる＊5。

一般的に表現とは，発信者が意識的に発した意図やメッセージ等の情報を受け取る受信者がいて，初めて成立する双方向的な活動である。そのため，新生

68

児の刺激に対する反応といった一方的に発せられる「表出」とは区別されている。「表現」は，人間の心のなかにある感情や思い等，不可視化なものを，身振りや言葉，記号，リズムや音色，色や形といった様々な要素＝メディアを用いて伝達可能な形式でアウトプットすることである。ダンスや演舞，文学，音楽，視覚芸術，演劇等，芸術はそれぞれのジャンルに固有のメディウムで確立されている。また，それぞれの作品自体がメッセージ（情報）を媒介するメディアとも説明できる[*6]。

（2）子どもの表現におけるインターメディア性

水島は，子どもの表現を「インターメディア」的であると特徴付ける[4]。インターメディアとは，1950～1960年代に隆盛した芸術運動の一つで，音楽，視覚，演劇等，複数の芸術メディアを融合させたり，その境界に位置してどれにも属さないような表現を指したりする。例えば，子どもが空き箱を使って遊び始めたとしよう。積んだり，他の箱と組み合わせたりしながら形を探り，できた形に乗り物や建物のイメージを見立てる遊びへ展開していく。更に，見立てたイメージを可視化するために，折り紙を貼ったり，クレヨンで描き足したりする造形行為に夢中になる。やがて，できたものを使ってごっこ遊びが始まり，自らの手のなかにあるものとイメージの世界を行き来しながらからだを通して何者かを演じ，物語を紡いでいく。最終的には，空き箱による造形物が成果物として手元に残るが，それは子どもがものと旅してきた表現世界の一端であるととらえることができる。諸感覚を働かせながら複数のメディアを往還して紡ぎ出されたインターメディアな「表現」とは，見立て遊びから始まった一連の過程そのものを指すのである。したがって，複数のメディアを用いて流動的に展開していく子どもの表現活動は，大人の芸術文化とは異なるパラダイムで構築されていると説明できる。そのため，保育者（幼稚園教諭・保育士・保育教諭をいう）は子どもの表現におけるインターメディア性＝複数のメディアを組み合わせて表現が紡ぎ出されるという特性を理解しながら，表現の活動をデザインすることが求められるのである。

器，に分類する。①から③は相互関係にあり，いずれもコミュニケーションを媒介するメディアである。したがって表現活動では，表現活動を通じてできた作品や成果物もその対象といえる。機械的メディアは，現代ではパソコンやタブレット，スマートフォン等のデジタルデバイス等も含まれる。

[*6] メディアについてより詳しく知りたい人は，マーシャル マクルーハン『マクルーハン理論−電子メディアの可能性』平凡社，2003，マーシャル マクルーハン，栗原 裕・河本仲聖訳『メディア論−人間の拡張の諸相』みすず書房，1987．を参照されたい。

[4] 水島尚喜『メディア時代の美術教育』国土社，1993，p.145.

3 乳幼児期の発達段階とメディアの関係性

これまでに，子どもの表現が媒介されるメディアとして，いわゆる素材や画材，からだ，言葉，音やリズム等を取り上げてきた。近年，家庭や社会に急速に普及したデジタル端末は，子どもたちの表現を拓（ひら）く可能性を秘めている一方で，保育活動への導入には慎重になるべきだという考え方がある。本節では，

第8章 多様な情報機器で紡ぐ表現

① 表現活動へのデジタル端末導入に関する議論を取り上げていく。更に，② 幼稚園教育要領（以下，教育要領）から新たに記載された情報機器の活用に関する解説をふまえながら，③ 表現活動におけるメディア機器の活用について考えていく。

（1）乳幼児期の情報機器使用に関する議論

家庭でのスマートフォンやタブレット端末の普及が進んだことからも，乳幼児にとってモバイル端末は身近なメディアの一つといえる。2015（平成27）年にNHKメディア研究部が全国の幼稚園を対象に実施した調査[*7]によると，保育環境における「パソコンソフト・インターネットでアクセスできる教材（マルチメディアソフト）」の利用は11％，「タブレット端末」の利用は5％と，家庭でのインターネット普及率及びモバイル端末の普及率と比較すると低い水準であると報告されている。また，「幼児期の子どもが，パソコンやタブレット端末に触れることは，内容のいかんにかかわらず好ましくないと思うか」という質問に対して「とてもそう思う・そう思う」48％と，保育現場でのパソコンやタブレット端末導入に対しては慎重であることがわかる。

パソコンやタブレット端末導入への慎重な姿勢の背景には，スクリーンを長時間ながめることで視力や脳機能へなんらかの影響が及ぶ可能性や，現実世界でのコミュニケーションが減ることへの懸念がある。保育の現場では，これらのメディアによる活動が，子どもの直接体験を重視した保育実践と対極にあるものとみなされ，日々の保育実践とのつながりがみえにくいことも抵抗感を生み出す一因であるといえる。その一方で「パソコンやタブレット端末を道具の一つとしてとらえて，他の活動と組み合わせて利用することで，保育活動を豊かにできると思うか」という質問では，「とてもそう思う・そう思う」30％と，利用に対して前向きな幼稚園も一定数存在している。

（2）教育要領等における情報機器の位置付け

教育要領において，情報機器の位置付けについては，新たに以下のように記載された。なお，幼保連携型認定こども園教育・保育要領［第1章 第2 2（3）キ］においても同じ内容が記されている。

ここでいう視聴覚教材としては，映像，CDプレーヤー，オーバーヘッドプ

*7 調査期間：2015（平成27）年10月1日〜12月24日，対象：全国の幼稚園から系統抽出した836の幼稚園，有効回答数524。
NHK放送文化研究所「放送研究と調査」2016.

（6）幼児期は直接的な体験が重要であることを踏まえ，視聴覚教材やコンピュータなど情報機器を活用する際には，幼稚園生活では得難い体験を補完するなど，幼児の体験との関連を考慮すること。

［幼稚園教育要領 第1章 第4 3（6）］

ロジェクタ（OHP）や実物投影機（OHC），プロジェクター等が想定されている。コンピュータの活用については，OECDが21世紀型スキル*8の一つに情報通信技術（ICT）の活用スキルを掲げているように，今後の高度情報社会において避けては通れない存在となっている。とはいうものの，保育の現場においては「幼児が一見，興味をもっている様子だからといって安易に情報機器を使用することなく，幼児の直接的な体験との関連を教師は常に念頭に置くこと」5)が強調されているように，子どもが主体的に環境に働き掛けて得られる直接的な経験を補完するためのツールとして情報機器を活用することが推奨されている。

表現と関連付けた場合，情報機器による直接的な経験の補完とは，① 創造的探求を深める，② より深い学びにつなげる，③ 個人の表現を拡張する，④ 個々の表現をつなぐ，⑤ 新しい表現方法と出会う，⑥ 個人の表現を他者と共有する，等ととらえることができる。

(3) 身体性と媒介される思考に注目したメディアの選択

表現活動におけるメディアは，身体性と思考性に着目して選択していく必要がある。例えば，「友だちと遊んだよ」というテーマで表現活動をする場合，友だちと遊んでいる自分を描いたり，楽しい気持ちやブランコが揺れる様子を音やリズムで表現したりする活動を構想することができる。造形表現（色・形・質感）と音楽表現（音色・リズム）で用いられるメディアを比較すると，異なる性質とそれぞれのメディアに特有の思考プロセスがあることがわかる。さらに，造形表現の場合，アフォーダンス理論*9によると画用紙とクレヨンで「描く」場合と，粘土を「捏ねて形づくる」場合とでは，異なる身体性が引き出されるとされる。このように，領域「表現」の内容において多様なメディアが取り扱われる理由は，メディアに固有の身体性と媒介される思考の経験が子どもの全体的な発達に結び付くからと理解することができる。

では，これらの活動をパソコンやタブレット端末上で行う場合，どのような点に注意が必要だろうか。現在，パソコンやタブレット端末で使用できる教育向けアプリの開発が進んでいる。表現系アプリのほとんどは，① 描画，作曲等ツールとして使用する，② 写真や動画の機能を拡張して新たな表現をつくりだす，③ プログラミングを使用した音や光による表現，に大別できる。この場合，パソコンやタブレットの操作性が身体性を決めて，それぞれのアプリで用いるメディアが表現様式や思考性を決める。そして，最大の特徴は，①と②の場合は，アプリにおいて想定されたパターン内で創造の幅や枠が決められてしまうということである。そのため，いわゆる粘土や紙等，可塑性の高い素

*8 **21世紀型スキル**

世界各国の教育研究機関によって提唱されている資質・能力の総称。21世紀を生き抜くために必要とされる汎用的スキルが掲げられている。

5) 文部科学省『幼稚園教育要領解説』［第1章 第4節3(6)］，2018.

*9 **アフォーダンス理論**

心理学者ギブソン（James Jerome Gibson）によって提唱された理論。アフォーダンス理論では，例えばドアノブを回してドアを開ける行為やそこから引き出される身体性（ノブを握って回す）は，ドアノブの形状や機能によって決められている（＝アフォードされる）とされる考え方。

材ほどの自由さはないといえる。一方で，③の場合は，①・②同様，身体性は固定化されるものの，自分が意図する一連の動きを実現するための手順を論理的に考える「プログラミング的思考」*10が働く。画面上の絵や手元にあるミニコンピュータをどのように動かし，音を鳴らすのかといったことを自分でプログラムして表現する活動は，従来の表象としての表現とは異なる新たな表現様式として理解することができる。いずれの場合も，現実世界で子どもが触れたり，感じたりする体験との連動を熟慮したうえで，導入することが必要といえる。

4 表現活動における情報機器の活用例

本節では，情報機器を使用した実践事例を紹介していく。

（1）光遊び─すてきな仕立て屋さん

【ツール：OHCまたはOHP】

　OHCやOHPは，小さなものを壁や画面に大きく投影することができる機器である。手のひらサイズのドングリや花等が自分自身よりも大きく投影されたり，透過性のない物がシルエットで映し出されたり（OHP，写真8-1）と，普段よく知っているはずの物が違って見える等の新鮮な体験ができる。様々な物を手元で操作しながら白い布や服を着た子どもにその像を投影する活動では，表現の即時性と効果を楽しむことができる。また，投影することで拡張された像を複数人で同時に鑑賞できることから，イメージの共有を促し，そこからごっこ遊びへの発展も期待できる。

（2）逆再生アプリで面白ムービーを撮ってみよう！

【ツール：スマートフォン，タブレット／アプリ：逆再生アプリ各種】

　撮影した動画を逆再生するというシンプルなアプリではあるが，撮影したその場で逆再生することができるため，即興的な身体表現や試行錯誤を促すことができる。投げたボールがブーメランのように戻ってくる，コップからこぼれた砂がモゾモゾと動きながらコップへ戻っていく（写真8-2），天井から降り注いだ紙吹雪が地面からザーッと上ってくる等の，重力に逆らった魔法のような映像をつくることができる。布や縄跳び，ボール，紙等のアイテムをあらかじめ準備しておくことが発想を広げることにつなが

*10　2020年度より小学校にプログラミング教育が導入される。各教科において取り組むことを通して，論理的・創造的に思考し課題を発見・解決していくための資質・能力の育成が目的とされている。有識者会議ではプログラミング的思考を以下の通り説明している。
「自分が意図する一連の活動を実現するために，どのような動きの組合せが必要であり，一つ一つの動きに対応した記号を，どのように組み合わせたらよいのか，記号の組合せをどのように改善していけば，より意図した活動に近づくのか，といったことを論理的に考えていく力」
文部科学省「小学校段階におけるプログラミング教育の在り方について（議論の取りまとめ）」2016.

写真8-1　OHPによる投影

る。また，演じる側と撮影する側で協同しながら1つの動画を作成することになる。できた動画にストーリーを付け加えると，イメージを豊かに広げることにもつながる。

（3）「KOMA KOMA」でカラフルな生き物たちのアニメーションをつくろう

【ツール：カラー粘土，目玉シール，タブレット，三脚／アプリ：KOMA KOMA】

写真8－2　「生きている砂」

KOMA KOMAは，布山タルト氏が開発したアニメーション制作アプリである[*11]。アニメーションとは，複数の静止画像を連続して見ることで動きがあるように見せる映像技術である。まず，「不思議な生き物」をテーマにカラー粘土と目玉シールでキャラクターをつくる。その後，三脚に固定したタブレットのKOMA KOMAアプリを起動して，キャラクター（粘土）の位置や形を少しずつ変化させながら写真撮影する。アニメーション化することで，粘土のキャラクターが生き物のように動き出す面白さや，不思議さを体感することができる（写真8－3）。

*11　KOMA KOMA Lab
2018(平成30)年10月現在，windows/Mac, iPad向けにアプリが公開されている。詳細は，http://komakoma.org/参照。

写真8－3　「へび太の大冒険」制作画面

●演習課題

課題1：子どもの表現活動に活かせるメディアを，身の回りにあるものから探してみよう。また，そのメディアの特徴をまとめてみよう。

課題2：課題1で見つけたメディアと子どもの発達段階の関係性についてディスカッションしてみよう。

課題3：課題1，課題2をふまえて，実際に表現活動を構想してみよう。

●参考文献

久保田晃弘・畠中 実『メディア・アート原論 あなたは，いったい何を探し求めているのか？』フィルムアート社，2018.
柴田和豊編集『メディア時代の美術教育』国土社，1993.
室井 尚『メディアの戦争機械─文化のインターフェイス』新曜社，1988.
エルキ フータモ，太田純貴訳『メディア考古学：過去・現在・未来の対話のために』NTT出版，2015.
国立教育政策所研究編『国研ライブラリー 資質・能力 理論編』東洋館出版社，2016.
小平さち子『幼児教育におけるメディアの可能性を考える〜2015年度 幼稚園におけるメディア利用と意識に関する調査を中心に〜』放送研究と調査，66（7），2016，pp.14-37.
佐々木正人・宮本英美・横倉雅広・三嶋博之・鈴木健太郎『アフォーダンスと行為』金子書房，2001.

佐々木正人『新版 アフォーダンス』岩波書店，2015.
ジェームズ ギブソン，佐々木正人・古山浩宣洋・三嶋博之訳『生態学的知覚システム―感性をとらえなおす』東京大学出版会，2011.
パンダグラフ『メディア工作ワークブック』グラフィック社，2017.
文部科学省『小学校プログラミング教育の手引き（第一版）』2018（http://www.mext.go.jp/component/a_menu/education/micro_detail/__icsFiles/afieldfile/2018/11/07/1410886_01_1.pdf）
茂木一司・宮野 周・齋藤有香『メディア教育としての美術教育の試み―知的障害児の美術教育の事例を通して―』（http://www.edu.gunma-u.ac.jp/bijutu/web-forcus02/ronbun2_01.html）
John Fiske, *Introduction to Communication* Studies, Routledge, 2010.

コラム　レッジョ・エミリア―100の言葉を支えるモノ選びと地域社会のつながり

　イタリアの小都市レッジョ・エミリア市の保育は，日本のみならず世界中の保育者が関心を寄せている。子ども中心主義に基づくプロジェッタツィオーネと呼ばれる実践，ピアッツア（明るく開放的なスペース）とアトリエ（制作スペース）を主体とした保育環境のデザイン，保護者と地域社会の協働で取り組まれる保育，アトリエリスタ（芸術士）とペダゴジスタ（指導主事）による徹底したドキュメンテーション（記録）とリフレクション（振り返り）による保育課題の創出と実践デザイン等，その特徴的な保育実践からは多くの示唆を受けることができる。

　小集団によるプロジェクトで展開される探求と創造の活動では，アートが主な手法として採用されている。例えば，オレンジの香りを嗅ぐことから展開されるプロジェクトでは，その香りから広げたイメージを子ども自らが選択したメディア（素材・道具）で表現する。レッジョ・エミリアの幼児教育の創始者であるローリス・マラグッツィの詩「子どもたちの100の言葉」が示すように，一つの主題から想起されるイメージとそれを表現するための方法は子ども一人一人で異なる。それを保障することが能動的に探究する創造的な子どもを育てるうえで不可欠であるという哲学が徹底されていることから，保育環境には様々な色や形状，材質の自然物や人工物，画材に始まり，プリンタ，OHP，コンピュータ等，あらゆるメディアが準備されている。日本では学習指導要領で導入されたプログラミングによる行動過程のデザインも，「子どもたちの100の言葉」を支えるメディアとして90年代にはすでに導入されている。

　圧倒的な種類の素材（メディア）が揃うレッジョ・エミリアの保育環境を支えているのが市営のリサイクルセンター「レミダ」である。企業からの廃棄物（ボタンやネジ，歯車等のパーツ）がリサイクルセンターに集積され，各幼稚園，保育所に配給されている。地域のつながりが子どもたちの100の言葉を育む環境を創りだしているのだ。地域で子どもを育てるという理念が街全体で共有され，団結力をもって営まれる保育から私たちが学ぶべきことは少なくない。

第9章 他者と紡ぐ表現

　子どものつくり出す表現は，子ども集団における仲間との協同によってその表現に新たな意味が付加されていくことを理解する。一人一人の表現は，他者と関わることによって受け止められたり，共有されたりして初めて意味をもつ。本章ではこうした他者との関わりを「対話すること」「共有すること」「協同すること」から読み解いていく。

1 対話すること

　私たちは共通の話題で盛り上がったり，時間を共有したりして，会話している。こうした会話は日々，即興的で協同的に行われている。子どもたちの遊びにおいても，会話を通してお互いの意見や気持ちを表そうとしている。こうした会話が成立してくるのは，3歳児頃からである。即興的で協同的な会話を，意図をもって行っている場面をここでは「対話する」と呼ぶこととする。互いに向かい合う子ども同士が，「人・もの・こと」を通して対話する，対話のなかで子どもたちは何を共有しているのか，あるいは，保育者（幼稚園教諭・保育士・保育教諭をいう）は子どもと何を共有することができるのか，さらには子どもたちが協同するために，保育者はどのように援助していけばよいのか，事例をもとに考えていく。

（1）模倣という対話

　「模倣が対話？」と疑問に思うかもしれないが，お互いがコミュニケーションを取り合いながら表現を模倣することは，プリミティブな対話としてとらえることができる。何より，模倣することは，子どもにとってわかりやすい表現の一つであり，やってみたいという気持ちを誘発する。
　ここでは，太鼓という「もの」を介した音楽的な対話事例を紹介する。音楽活動は難しい，何を行ったらよいのかわからない，そのような時こそ，言葉を

第9章　他者と紡ぐ表現

介した対話と同じように，音を介して対話することを試してみてほしい。

事例9-1　子どもたちは模倣の達人・つくり出す達人　3年保育　5歳児　11月

年に数回外部の音楽講師を招いて，日常保育における音楽以外の即興的な音楽遊びを行っているが，太鼓を使ったリズム遊びは初めてとなる5歳児18名である。子どもたちは順番に講師と向かい合い，一人ずつ順番に，講師が即興的に叩く4拍のリズムを模倣していく。最初は簡単な「♩ ♩ ♩ 𝄾」から始まるが，あっという間に子どもたちは模倣できるので，今度は4拍目の休符部分にもリズムを加えてみた。子どもたちに若干戸惑いもみられたが，子どもたちは，模倣ができると「どうだ！」と言わんばかりに向き合う講師を見ていた。さらに，太鼓の皮面を擦ったり，太鼓のふちを叩いたり，手のひらではなく，1本指で叩いたりといった奏法の変化を取り入れたり，難しいリズムや，長い休符も取り入れられていく。子どもたちはそのすべてを模倣することができなくても，一部を模倣したり，何らかのリズムを叩いて太鼓で応えていく。

子どもが何かを表現した後，保育者の顔をよく見ることがある。これは，自分の表現を認められたいという子どもの気持ちの表れである。保育者は，こうした子どもの気持ちに寄り添い，表現を受け止めることが大切である。その受け止め方は，言葉掛けだけではなく，頷いたり，目を合わせたりすることによって，子どもの承認欲求は満たされる。

保育者は，「子どもだから簡単なリズムを」と考えることがある。しかし，事例9-1にみられるように，子どもたちは「まねしたい」という思いをもって，太鼓を介して対話しており，「子どもだから～」という考えは，保育者の勝手な解釈に過ぎない。子どもだからこそ，簡単なものではなく，子どもの音楽的な経験を豊かにするために，どのような音楽を共有していくべきなのか考えることが大切である。

さらに，特筆しておきたいことは，子ども自身がつくり出すリズムについてである。複雑なリズムになったとき，子どもたちに何が起こったか。模倣できなかった子どもは，何もしなかったわけではない。提示されたリズムとは異なるリズムを即興的に叩いていたのである。そのリズムは，自分の順番になる前に叩いた他児のリズムだったり，全く即興的にその場でつくられたものであったりしている。

駒は多様な子どもの応答的な音楽活動において，模倣のなかにも創造的な応答の片鱗があることを示唆している[1]。つまり，完璧に模倣できることが正解で，模倣できないから間違いなのではなく，子ども自身がつくり出す創造的な活動へのつながりとしてとらえることができる。

1）駒 久美子『幼児の集団的・創造的音楽活動に関する研究-応答性に着目した即興の展開-』ふくろう出版，2013，pp.149-154.

（2）対話が変わる瞬間

　例えば，向かい合う二人の対話の始まりは，常に一方の人からとは限らない。音を介した対話でも同様である。それがクラスのような集団の場合は，誰から始めてもよいのだが，どうも保育者が先に口火を切ることが多いように思う。子ども主体の対話は，どのようにしたら始めることができるのか，以下の事例から考えてみたい。

> **事例9-2　子ども先行のリズム模倣　3年保育 4歳児 11月**
>
> 　太鼓を介して講師と向かい合い，子どもたちが順番に模倣していく。A児（女）は3番目であった。A児の順番になり，太鼓の前で両手をあげて叩く準備をして待つが，講師は太鼓を叩かない。A児は手をあげたまま「えっ！？」という表情で講師を見るが，それでも叩かない。音のない沈黙が生まれ，次の瞬間，A児が恐る恐る太鼓を指で1回突いて音を出すと，講師がすかさずそれを模倣する。するとA児がまた太鼓を指で突いて音を出す，それをまた模倣する，といった繰り返しが生まれた（写真9-1）。

　A児にとって，自分は模倣をすればよいと予想していたはずである。その予想が違っていたとき，A児が講師を見つめる表情と音のない時間は，その場に緊張感を漂わせる。そして，そのただならぬ雰囲気を感じ取ったのか，A児の後ろに並んでいた子どもたちも，列を崩して後ろからのぞきこんでくる。

　A児とのやりとりはほんの数秒であるが，この一瞬が対話の流れを変えている。模倣しようと思ったのに，リズムを提示されなかったA児は，思わず太鼓を指で突くことによって，

写真9-1　リーダーを見つめるA児

なんとかこの活動に参加しようとしている。その弱々しいたった一つの音を，講師が模倣したことによって，A児は自分が叩いたことが認められたことに気付き，再度，指で太鼓を突く。ここに，A児が自分から対話を始めようとする意思を感じることができる。これによって，対話の流れが変わり，続く子どもたちは，率先して自分から太鼓を叩いたり，講師とは異なるリズムで応えたりする対話へと発展していった。

　保育者はともすれば，子どもの無言に対して，すぐに活動を導きがちである。しかし，事例9-2のように，音がない間をいかに待つことができるか，そしてその音がない瞬間だからこそ，子どもが何かに気付くきっかけになり，そこから新しいアイデアが生まれる可能性があることを大切にしていきたい。

第9章　他者と紡ぐ表現

2　共有すること

　活動のなかで，子ども同士あるいは子どもと保育者の間で，ルールが共有されることによって，新しい発見があったり，活動が広がったりすることがある。子どもたちと活動のなかで共有されるものは，子どもたちによって取捨選択されており，保育者にとっては意外なものである場合も少なくない。さらに，子どもたちに共有されるものは，ささやかなものであることも少なくないが，それが活動に大きな意味をもたらすことも多い。

（1）子どもは何を共有するか

事例9－3　ルールの共有　3年保育　4歳児　11月

　自由保育のなかで楽器遊びが行われ，4人の子どもが太鼓を囲み，バチで叩いている。この太鼓は手で叩く太鼓であることを子どもたちに伝えようと講師がその場に近づく。太鼓をバチで叩いていた4人のうち，2人はその場から去り，残ったB児（女）とC児（男）も太鼓を手で叩くことには興味を示さない（写真9－2）。そこで，1人1回ずつ太鼓を叩いて音を回してみることを提案する。講師から始まって反時計回りで太鼓の音回しが始まる。この単純な活動は10分以上も続き，次々と他の子どもたちも参加してきた（写真9－3）。

写真9－2　太鼓に残るB児・C児

写真9－3　太鼓に群がる子どもたち

　子どもたちがバチで太鼓を叩いていた理由は，よい音がして面白かったからである。手で叩くと，子どもの手のひらは小さく，あまりよい音がしない。しかも，何度も叩いているうちに手も痛くなってくるため，最初4人いた子どものうち2人しかその場に残らなかったのだろう。しかし，その10分後には写真9－3のように，6人の子どもが太鼓に集まり，直径30センチ程の太鼓の皮面は，子どもたちの小さな手でいっぱいとなった。

　太鼓の音回しというアイデアは，イギリスの作曲家であるウィシャート（Trevor Wishart）の手拍子回しが元のアイデアとなっている[2]。これは，一人ずつ手拍子を順番に回していくという簡単なルールである。よい音がしないうえに，ルールまで共有することになると一見，制約が多くて窮屈にもみえる。しかし，結果的にはこのルールが共有される前より，子どもたちが集まっている。つまり，太鼓の音色のよさという最初の興味以上に，子どもたちの興味を誘うルールが「順番に回す」というものだったのである。西村は「（子どもたちが）ある規則を採用するのは，それの

ほうが他の遊び方より『おもしろい』からである」[3]と述べている。つまり，ここで共有された「順番に回す」というルールは，子どもたちにとって，窮屈なものではなく，面白いものだったことがわかる。音楽は難しいルールが多く，窮屈なものと思われがちであるが，事例9-3のように，簡単なたった一つのルールを共有するだけで，音楽遊びを発展させることができるのである。

（2）保育者は何を共有するか

事例9-4　子どもの表現の世界を共有すること

① 「速い」って何？（3年保育 4歳児 6月）

輪になって座った状態で，手拍子を1回ずつ順番に叩いていく。偶然子どもたちの手拍子を回すスピードが速くなったことから，講師は「2周目はもっと速く」手拍子を回そうとした。しかしその思いに反して，子どもたちの手拍子回しのスピードは，1周目よりも遅くなった。

② 「大きい音」って何？（3年保育 5歳児 6月）

輪になって座った状態で，順番に手拍子で大きな音を叩く。これまでの活動から，子どもたちには，手拍子を使うこと，一人あたりの手拍子の回数は1回であること，「大きい音」を工夫することがルールとして共有されていた。両手を大きく広げ，その手を振り下ろして手拍子したり，手を思いきり広げて手拍子したりする子どもが見られる中，10人目ぐらいまで進んだあたりで，最後から2番目のD児（女）は，複数回の手拍子を試してみている。それを見ていたD児のひとつ前のR児（男）も，自分の順番が回ってくると，拍手のように複数回手拍子を叩いている。

[2] トレヴァー　ウィシャート，坪能由紀子・若尾裕訳『音あそびするものよっといで』音楽之友社，2012．

[3] 西村清和『遊びの現象学』勁草書房，1989，p.284.

保育者が当たり前と思っていることが，実際の子どもたちの思いとは異なっていることがある。事例9-4はまさにその状態であった。

事例9-4-①では，1周目に子どもたちが偶然にも速い手拍子回しをしたことから，2周目の手拍子を速く回そうと試みている。しかし実際には，1周目よりも遅くなってしまったのはなぜか。それは子どもたちは自分自身の手拍子を叩く速さ（両手を広げて叩くまでの速さ）を一生懸命速くしようとしていたのである。それによって，思うように叩けなかったり，叩きそびれてしまう子どももいたりした。その結果として，2周目は1周目よりもゆっくりとした手拍子回しになったのである。

事例9-4-②では，子どもにとって音を大きくすることは，音の強さを変えることだけではなく，手拍子の数を増やすことによって，表そうとしていたのである。

保育者がこのような場面に遭遇した場合，自分が想定した通りに活動が進まず，戸惑うことだろう。しかし，こうした子どもたちの表現が，子ども集団のなかで受け入れられ，共有されることによって，その子ども集団が新しい文化

を形作っていくのである。子どもの表現する世界は、保育者の意図や予想を越えることも多々あるが、それを保育者は受け止め、共有することによって、子どもの表現を彩り豊かなものへと導くことができることを忘れてはならない。

3 協同すること

駒は、子ども集団における即興的な音楽活動において、子ども一人一人の表現が集団のなかで受け入れられ相互作用していくことで、新たな創造性を生み出すと述べている[4]。しかし、子ども一人一人の表現はささやかで見逃すとすぐに消えてしまう。それがあちらこちらで偶発的に起こっては、気付かないうちに消えてしまっているのである。

子どもが協同することについて、無藤らは、他者と注意を共有する協同注意から協同過程が始まるとしている。そして、協同過程において、大人が子どもの行為の意図を解釈するとともに、それを他の子どもたちが解釈したりすることができるように、手助けのための足場作りを行い、その足場は子どもたちが自分でできるようになったら子どもたち自身にゆだねていくと述べている[5]。

4）前掲書1）p.154.

5）無藤 隆『協同するからだとことば-幼児の相互交渉の質的分析-』金子書房,1997, pp.15-22.

事例9-5　子ども同士の協同における保育者　3年保育 5歳児 6月

保育者のからだの動きやリズムなどをまねしていた子どもたちが、今度は自分たちが先生役になり（写真9-4）、それをまねする（写真9-5）といった、子ども同士が協同していく活動に展開しようとしている。しかし、子ども同士の活動が始まってすぐは、先生役の子どもの表現をうまくまねすることができていない。そのなかで保育者は、先生役の子どもの表現を率先して、かつ、大げさにまねして見せる。その反面、多くの子どもが上手にまねをすることができていると、保育者は子どもたちから一歩下がってその様子を見ている。そして、徐々に子ども同士の先生役とそのまねがうまく進みだすと、子どもたちの盛り上がりも比例して増していく。

事例9-5からは、子ども同士が協同するなかでの保育者の在り方をみることができる。子ども同士が協同することは簡単ではなく、ともすると楽しいけれどそもそも何をやっていたのかがわからなくなってしまうことがある。かといって、子ども同士が自立しようとしているところに割って入ることも躊躇される。

駒はこうした子どもの集団的な音楽活動において、子どもの表現を支えるための保育者の基本的姿勢として次の3つを導きだしている。

① 子どもの表現をよく聴くこと。
② 子どもの表現を受け入れること。
③ 子どもの表現を発展させること[6]。

6）前掲書1）p.149.

つまり，協同的な音楽活動において保育者の役割は，あちこちで子ども一人一人が表出している見逃してしまいそうな表現を見つけ，それを集団において共有したり，子どもの新しい気付きにしたり，創造性につなげていくための援助をすることである。子どもたちだけで自分の表現の意味を見いだし，他の子どもと協同させていくことは難しく，そこに保育者の援助が必要なのである。

写真9-4　子どもが先生役

写真9-5　みんなでまねっこ

● 演習課題

課題1：2人（以上）組になってリズム模倣をやってみよう。
課題2：音を音楽にするためのルールについて考えてみよう。
課題3："聴く"ためにはどうしたらよいのか話し合ってみよう。

コラム　集団的創造性

　子どもの集団的な音楽活動では，合奏や合唱が行われることが多い。そしてそれは，既製の楽曲の再現であることが多い。楽譜を保育者の指示通りに忠実な演奏をすることが求められ，子どもも保育者も，間違いに敏感になりがちである。しかし例えば，子どもの集団的な音楽活動に即興を取り入れたら，そういった窮屈さを払拭し，何らかの協同的なプロセスや相互作用によって，新しい音楽をつくり出すきっかけになるのではないだろうか。

　これまでの創造性研究の多くは，個人内の創造のみに焦点があてられることが多く，例えば子どもの集団活動を通して生まれる創造性のような，社会的な創造性については，あまり触れられてこなかった。しかしながら，創造は個人内だけでなく，多くの協同の過程によって生まれるものであることに言及したヴィゴツキー（Lev Vygotsky）[1]等，社会文化的な視点から創造性をとらえようとするアプローチもみられる。ソーヤー（Keith Sawyer）[2]は，集団による即興的なコラボレーションの積み重ねによって創造性が生み出されることを明らかにしている。

　子どもの集団活動において創造性を育むのは，保育者の役割というより，むしろ子ども集団の果たす役割が大きい。創造性は一人で表現するだけでなく，また一人一人が順番に表現するだけでもなく，集団において表現することによって，その集団のなかで取捨選択され，育まれる。チクセントミハイ（Mihaly Csikszentmihalyi）[3]が，「創造性は仲間のサポートを得ることができる場合を除いては，何も新しいものを外へ出すことができない」と述べているように，集団のなかで個々人が即興的な思考を修正したり，また集団のなかで即興的な表現が取捨選択されたりすることによって，創造性が育まれていくのだといえる。

[1]　レフ ヴィゴツキー，広瀬信雄訳，『子どもの想像力と創造』新読書社，2002.
[2]　キース ソーヤー，金子宣子訳，『凡才の集団は孤高の天才に勝る』ダイヤモンド社，2009.
[3]　Sternberg,R.J. (Ed.) *Handbook of Creativity*, Cambridge University Press, 1999, pp.313-335.

第10章 発達や季節をふまえて保育を構想する（1）

保育の指導計画作成には，子どもの実態把握，ねらいの設定，教材研究の3つが不可欠である。子どもの興味・関心，年齢による心身の発達，子どもの遊びの経験や生育の背景にも配慮して，教材研究をすすめ，指導案作成や模擬保育等を実施する。（1）では，0・1歳児に焦点をあてて具体的に保育を構想する方法を理解する。

1 フローチャートによる保育計画の立案

子どもの表現は，音楽表現，造形表現，身体表現，言語表現等が融合して表現されることが多いので，保育者（幼稚園教諭・保育士・保育教諭をいう）は総合的に表現をとらえる必要がある。就学前施設（幼稚園・保育所・認定こども園をいう）での子どもの表現活動は家庭での遊びとは異なり[*1]，保育者は，子どもが季節や自然を感じ，新しい素材と向き合い，友だちと共に表現を楽しむことができるよう環境を整えることが重要である。同時に，様々な要素が融合した表現を楽しむ子どもの発達の特性を考慮しながら，その表現を広げるための保育の専門性が求められる。

保育活動を計画する場合，その活動が子どもにとってどのような意味があるのか，またその活動によって何を経験してほしいのか，何を感じたり考えたりしてほしいのか，実際の子どもたちの実態を把握したうえで保育計画の構想を練る。時間までに作品を完成させることを意識すると，活動の展開や遊びの連続性が想定しにくい。また，実際に表現活動を行ってみると，子ども一人一人の発達や経験による個人差や活動への興味関心の違いを感じることもあるだろう。子どもから用意していたものとは異なる材料を提案されたり，子どもからの思いがけない遊びの展開がみられたりする場合もある。ここではフローチャートによる保育計画を試みることで，子どもの経験に応じた活動の展開や遊びの連続性について予想しながら考えてみたい。

*1 同じ活動を就学前施設と家庭で行った場合，それぞれどのような特徴が考えられるだろうか。「お絵かき」「歌」「絵本」等，実習での経験や自分の幼児期の体験を振り返ってみよう。

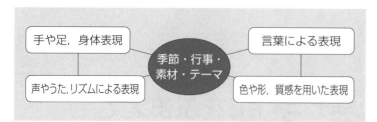

図10－1　フローチャートの考え方

図10-1をみてみよう。中央にテーマを１つ設定する。テーマはその保育活動のキーワードを置くが，季節や行事から始めてみるとよいだろう。そのテーマから，より具体性のある活動を子どもたちに示すことができる。例えば，テーマにつながる「絵本」や「紙芝居」等の言葉による表現，「歌」や「リズム」を取り入れた音楽表現，「形」や「色」を組み合わせた造形表現等を想定することができる。その活動は「言葉」「音楽」「造形」「身体」といった括りでは収まらず，保育者によって融合されることや順序立てて複合的に行うこともある。それらの表現や表現活動にはつながりがあり，積み重ねになっていることに気付く。クラスで「絵本」を読んだ後，どのような活動につなげたいのか，子ども一人一人がどのような遊びに発展させていくのか，保育環境や用意されている素材を思い浮かべながら，構想を練る。そうすることで新しい素材との出会いや，素材や道具を増やすタイミング，また保育環境を見直す契機にもなり得る。

　３歳未満児の表現活動では，３歳以上児での主たる活動の導入に当たる部分と重なることも多い。素材の感触を味わったり，ものを眺めたり，からだを揺らしてみたりすることが，３歳未満児，特に０・１歳児の表現活動では主要な活動として取り上げることができる。この時期は子どもの好奇心に応じた表現活動の基盤を培うことが中心となる。また，３歳以上児の場合，既存の道具や玩具を使ったり，あるいは同じ材料で同じものをつくったりしても，その先の活動の展開においては子ども一人一人の表現に焦点をあてる活動計画を考えることもできる。保育者の支援によって，同じ素材，道具を扱っても子どもなりの表現へと発展させることができる。

2　０・１歳児の保育計画の立案
―フローチャートをもとに―

＊２　３つの視点
　① 健やかに伸び伸びと育つ。② 身近な人と気持ちが通じ合う。③ 身近なものと関わり感性が育つ。厚生労働省『保育所保育指針』[第２章　１（２）] 2017.

　保育所保育指針（以下，保育指針）の「第２章　保育の内容　１　乳児保育に関わるねらい及び内容」では，子どもの育ちの実態に応じた「ねらい」と「内容」が示されている。０歳児の保育内容では３つの視点[*2]が示されている。乳児にとって安全な環境の下，信頼できる保育者が身近なものと関わり，興

味・関心をもつことのできる環境を整える。感性が育つための身近な「もの」とはどのようなものだろうか。その「もの」を媒介として心が動かされたり，表現する契機となったり，3歳児以降の表現ツールにもなり得る。

　ここでは，0・1歳児の「夏」の保育実習場面を想定し，表現活動を展開させたフローチャートの例を図10-2に示した。夏頃になると，子どもたちは就学前施設の環境にもだいぶ慣れ，信頼できる保育者と触れ合いながら安心して遊ぶ姿がみられるようになる。0歳児には，安心して遊べるよう，保育者がその子どものスペースを確保する。例えば，一人遊び用のマットを用意し，その子どもの場所であることを保育者が示すことで安心した空間を保つことができる。また，保育者を仲立ちとして，友だちとの関わりも少しずつ楽しく感じられるようになるような配慮も必要だろう。1歳児頃になると，自分が気に入った場所で遊ぶようになったり，好きな玩具を見つけて繰り返し遊ぶようになったりする。そういった遊ぶスペースを確保しながら，様々なものと向き合えるよう，そして保育者や友だちとの関わりを考えた，夏の表現の活動の展開を考えてみよう。

(1) 活動の導入

　図10-2のように活動の導入には触れ合う遊び「フランスパン」や「ミックスジュース」等を取り入れ，保育者と一緒に楽しむことから始めてみよう。絵本では色や形がわかりやすく，擬音の面白さを味わえる「くっついた」「ごぶごぶ　ごぼごぼ」等を読み聞かせる。読み聞かせの際には，声色の変化とともに表情も合わせて豊かに伝えたい。1歳児では，遊びのなかで用いる素材の感触や匂い，音等を楽しむような導入もよいだろう。

(2) 活動の展開

　図10-2のフローチャートから感触遊びを中心に様々な展開を考えてみる。
① **いろいろな布を触る・踏む**：柔らかい布やガーゼ，毛足の長いタオル，カラフルなシフォン[*3]，弾力の異なるスポンジ等肌触りのよいものを用意する。
② **様々な葉を触る・触れる，音遊び**：自然物の色の美しさや形の不思議さに気付く遊び。葉や木の実等は拭いて汚れを落とす。葉をビニール袋のなかに入れて振ると音を楽しむこともできる。
③ **色の光**：色セロハンをOPPフィルム[*4]に入れ，光にかざすと地面に色の光が写る。太陽を直接見ないように気を付ける。スライム（粘りのある液状の玩具），またはスパンコールやビーズ等をチャック付きのビニール

*3　**シフォン**
　絹糸等で織られた薄い平織物。
　カラフルなシフォンをつないでパラバルーンのような遊びは，乳児にも楽しめる。

*4　**OPPフィルム**
　透明性，光沢性のあるフィルム。
　ファイルだと扱いやすいが，透明度が低い光が鈍く感じられる。

第10章　発達や季節をふまえて保育を構想する（1）

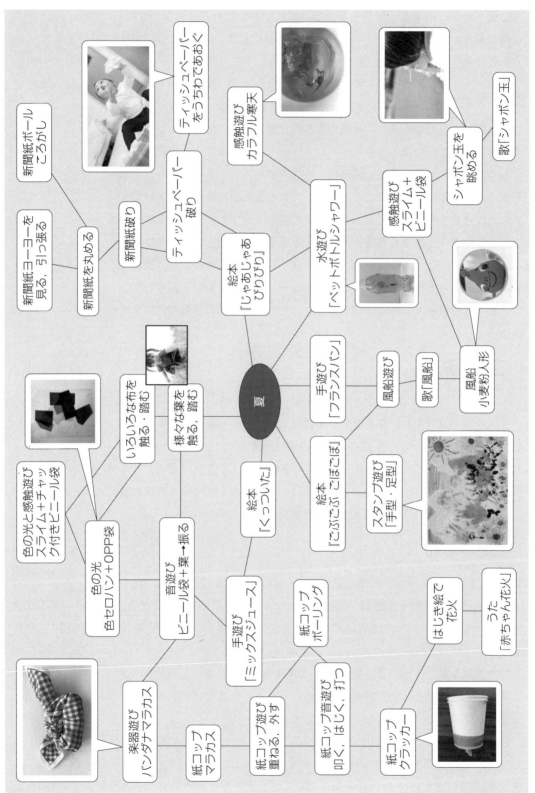

図10-2　0・1歳児フローチャート例（夏との出会い）

2 0・1歳児の保育計画の立案―フローチャートをもとに―

スタンプ遊び

○月○日（○）天候　晴れ		指導者名　△△　△△　先生　印	
うさぎ組（1歳児）　7名		実習生　氏名　○○　○○　印	

子どもの姿	・保育者が見守るなかで安心して遊び，表情や仕草で自分の思いを表現しようとする。 ・友だちや年長児の遊ぶ姿を見て，同じようにしてみようとする姿がみられる。 ・身近なものを触ったり，確かめたりする様子がみられる。
ねらい	・実習生や友だちの絵の具スタンプを楽しむ様子から，自分でやってみようとする。 ・スタンプとなる材料に触れ，繰り返し遊んだり，試したりすることを楽しむ。
留意点	・絵の具や材料を口に入れないように配慮する。 ・絵の具がついた足で歩くと滑りやすいので転ばないように床面や足をきれいにする。

時　間	環境構成	予想される子どもの姿	実習生の動き
10：00	保育室の風通しをよくし，温度調節をする。 出来上がった作品を乾かすロープを室内につないでおく。	排せつを終えた子どもから保育者の周りに集まる。	実習生の机上に絵の具のスタンプ台，画用紙，雑巾等を準備する。 排せつを援助し，終えた子どもから座布団に座るよう伝える。
10：05	座った場所から絵本が見える位置であるか確認する。	絵本の色や形，保育者の発する擬音に，興味をもち，一緒に音を出そうとする。	絵本『ごぶごぶ ごぼごぼ』の読み聞かせをする。※1
10：10	子どもたちの机に絵の具のスタンプ台，画用紙，雑巾等を準備する。	絵の具のスタンプ台に興味をもつ。保育者と「ぷぷぷ」等の擬音を発しようとする。スタンプに手を伸ばし，触ってみる。好きな色で画用紙に指や手を押し付ける。スタンプの色を重ねて押す子どももいる。他の子どももまねをする。	絵本を楽しんだら自分の席に移動する。 指や手に絵の具を塗って「ぷぷぷ」「ぽんぽん」等の擬音を口ずさみながら画用紙に写す。※2 子どもがスタンプの感触や色を楽しんでいるか確認する。 絵の具のついた指や手を，画用紙に写し取るときにも擬音を使って促す。 絵の具のついた指や手を口に入れないように気を配る。
10：25	机の上を片付け，絵の具や水が床に落ちていないか確認する。	できた作品に興味を示す。満足いくまで繰り返す。順番に片付け，手を洗う。	手の汚れを水道で洗う援助をする。作品は壁に渡したロープに洗濯ばさみに挟んで乾かす。

※1 読み聞かせの配置
※2 スタンプ遊びの配置

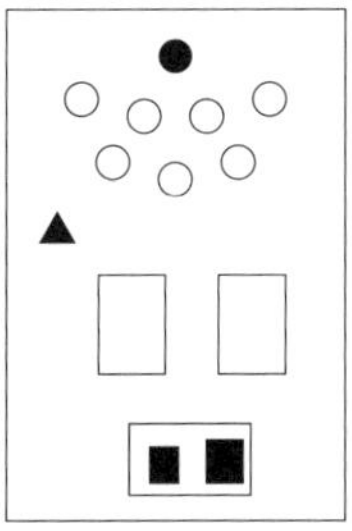

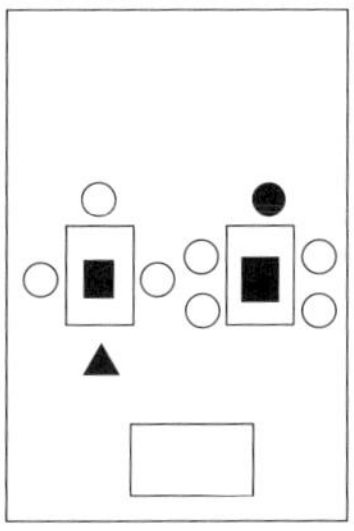

○：子ども
●：保育者
▲：実習生

図10－3　1歳児クラス：フローチャートの一部の指導案（スタンプ遊び）

第10章　発達や季節をふまえて保育を構想する（1）

袋に入れると，色と光と感触で遊ぶことができる。子どもが見やすく手が届きやすい位置の窓に貼ってもよい。

④　**ペットボトルの色水**：水は食紅[*5]で着色すると透明度が高い。なかにプラバン[*6]で魚の絵を描いたものを入れたり，外側にステンドグラス調のシールを貼ったりすると，光の変化も楽しむことができる。

⑤　**バンダナマラカス**：小さなスチール缶のなかに，小豆や木の実，大きめのビーズ等を入れて口をガムテープで留める。バンダナやハンカチ，ガーゼ等布[*7]を巻いて結ぶ。床に転がしたり押し付けたりして，音や感触を味わう。

⑥　**シャボン玉**：保育者がシャボン玉を吹き，シャボン玉の不思議さや美しさを楽しむ。シャボン玉液は滑りやすいので気を付ける。また，顔にかからないよう配慮する。

⑦　**ペットボトルシャワー**：ペットボトル[*8]の本体または蓋（ふた）に穴をあける。ペットボトルを切って使う際は，切り口にビニールテープを巻き安全性を確認する。

⑧　**カラフル寒天**：食紅で寒天に色を付けたものに直接触れる感触遊び。寒天は常温でも崩れにくい[*9]。菌が繁殖しやすいので，翌日に持ち越すことは避ける。

3　教材研究

（1）手型・足型のスタンプ遊び[*10]

①　**絵の具**：水彩絵の具やポスターカラー等，拭き取りやすい絵の具を使用

*5　**食紅**
　赤色を着色するための色素。
　赤，青，黄，緑があり，混色も可能。

*6　**プラバン**
　プラスチックの板。クリップなどをおもりにして，水を入れたペットボトルに沈ませておく。

*7　汚れたら，すぐにとりかえることができる。

*8　**ペットボトル**
　プリンカップやゼリーのカップなどでも楽しめる。

*9　ゼラチンの場合，常温だと固まらない。

*10　一人座りが安定してできるようになると，感触遊びの展開として絵の具を足に塗って足型を写しとることができるようになる。手型をとるには，安定して手を開くことができるようになってからの方がよい。

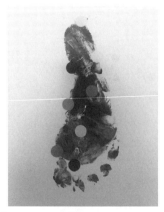
写真10-1　足型クリスマスツリー

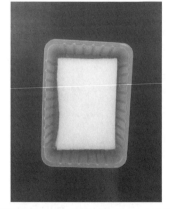
写真10-2　絵の具スタンプ台

する。画用紙が黒や藍色等暗い色の場合は，ポスターカラーの方が手や足の型が写し取りやすい。実習生や保育者が絵の具を塗る場合には，太い筆で行う。色数は子どもが気に入っている色を含め，赤，青，緑[*11]等，3色程度を用意する。

② **絵の具スタンプ**：絵の具を手や足に筆で塗る他に，絵の具を染み込ませた布やスポンジを用意し，子ども自身が指や手を布やスポンジにつけて，画用紙に押す。絵の具の量は多めにするとよい。

写真10-3　学生の手型・足型

[*11] 白画用紙に黄色の絵の具のスタンプの場合，はっきり写らないことがある。

③ **紙**：画用紙の他，表面が滑らかなケント紙やコピー用紙等も，写し取るのに適している。床に画用紙を広げ，その上に絵の具スタンプを用意して楽しむのもよい。

（2）廃材を使ったスタンプづくり

① **ペットボトルの蓋**：材料…ペットボトルの蓋，スポンジやスチレンボード[*12]，ビニールテープ，ボンド

写真10-4　ペットボトルの蓋でつくったスタンプ

スタンプはペットボトルの蓋を2個つなげて持ち手をつくり，その上に形に切ったスポンジを接着剤[*13]で貼り付けた。様々な形の種類を用意すると活動が広がる。

② **布**：材料…布，輪ゴム

布をてるてる坊主のように丸めて輪ゴムで留める。丸い方に絵の具を付けてスタンプをする。

③ **ダンボール**：ダンボールを折ったり，丸めたりしたものに絵の具を付けてスタンプする。

[*12] **スチレンボード**
発泡プラスチック素材のボード。スーパーマーケットで売られている，肉や魚のトレイでも可。

[*13] スチレンボード用のボンドを使う。シンナーが入っているものはスチレンが溶けるので注意する。

4　模擬保育とその振り返り

ここでは，実習を想定して図10-3による模擬保育を行う。

(1) 模擬保育の準備

模擬保育を行うにあたっては以下の点に注意し，準備を進めるとよい。

- 子どもの前に材料や道具を置くのは，活動の直前にする。材料や道具は何度も往復して運ばないで済むよう，カゴやトレイ，バットに入れておく。
- 床用の雑巾，机用の布巾，子どもの手や指等を拭くタオルは，色分けなどによってわかりやすくしておく。床に絵の具や水等が落ちると滑りやすくなるので気を付ける。
- 机の上にはシートを敷く場合，新聞紙で対応する場合，敷かない場合と，保育者やクラスによって異なるので，事前に相談する。

(2) 模擬保育

実習生自身が楽しみながら擬音とともに方法を示したり，画用紙を軽く叩いたり擦ったりして，子どもが音や感触を感じることができるように配慮する。子どもたちの表情や声，言葉から活動を十分に楽しめているかを確かめる。

指や手に絵の具が付いたまま口に入れてしまったり，混色を考えずに次々に絵の具スタンプに手を伸ばしたりすることがあるので，1色が終わるごとに手や指を拭くようにする。

手に絵の具がつくことを嫌がる子どももいるだろう。その場合には，スポンジに絵の具をつけて画用紙に押したり，スチレンボード，ペットボトルの蓋等でつくったスタンプ遊びができるようにする。

(3) 振り返り

ねらいの「実習生や友だちの絵の具スタンプを楽しむ様子から，自分でやってみようとする」では，子ども自身が取り組もうとする様子がみられたか，「スタンプとなる材料に触れ，繰り返し遊んだり，試したりすることを楽しむ」では，1回のスタンプで終わらずに何度か繰り返したり，色や道具を変えてみようとする姿がみられたか，振り返ってみよう。

- 絵の具スタンプの見本や材料，道具の提示の仕方やタイミング，手順の伝達方法が適切であったか。
- 絵の具スタンプを行っているときの言葉掛け，写し取った指や手の色や形への子どもの共感はどのようなものであったか。
- 出来上がった作品を壁に渡したロープに洗濯ばさみで挟み，飾った時の子どもの表情や声，言葉や行動，それに対応する実習生の言葉掛けや態度はどのようなものであっただろうか。

●演習課題

課題1：デパートやファミリーレストラン等で乳児を観察してみよう。どのような表現を，① 誰と一緒に，② どのような場面で，行っているか書き留めてみよう。

課題2：その子どもの保育者であると想定し，就学前施設でどのような表現活動ができるか考えてみよう。

課題3：コラムの表10-1に沿って，子どもの「行為」につながる「遊び」「絵本」「うた」を探してみよう。

●参考文献

岡上直子・鈴木みゆき・酒井幸子編『教育・保育実習と実習指導』光生館，2012.

今川恭子・宇佐見明子・志民一成『子どもの表現を見る・育てる　音楽と造形の視点から』文化書房博文社，2005.

コラム　乳幼児の表現の発達

　6か月を過ぎる頃になると，ものをつかんだり握ったりできるようになる。やがて1歳近くになると，太いペンやパスを握って画用紙に叩きつけることで，手やからだに返ってくる振動や音を楽しみ，その一人の行為が他の子どもたちにも伝わる様子もみられる。ペンと画用紙だからといって絵画的な表現という枠に留まらず，身体表現や音楽表現につながるような，あるいは身体的表現や音楽表現が優先される表現行為にもつながっている。また，からだの発達や生活での行為との関連も大きく，ものをつかむ，ものを叩く，スプーンを口に運ぶ，左右に腕を動かすといったことと表現はつながっている。乳幼児の表現（表出）を保育者が見過ごすことなく受け止め，その子どもの表現が広がるような遊びを提案できるように，保育者自身が表現を見いだす目と，様々な表現の引き出しを用意しておきたい。

写真10-5　カラフルな洗濯ばさみを洋服につけて

　子どもの行為や行動には表現が含まれている。そこでその行為に合った遊びや絵本，うたを探して一覧をつくっておくと保育計画の作成にも活用できる。

表10-1　0・1歳児の行為から活動の例

行　為	遊　び	絵　本	う　た
はいはい	ダンボールくぐり	はいはい赤ちゃん（作：斉藤　洋，絵：ミスミヨシコ，講談社）	どんどんばし（わらべうた）
ちぎる	ティッシュペーパーちぎり	びりびり（作・絵：東　君平，ビリケン出版）	エネルギービリビリ（作詞作曲：新沢としひこ）
貼る	シール遊び	ぺたぺた（作・絵：U.Gサトー，福音館書店）	ぺたぺたぺったんこ（作詞：すずきかなこ，作曲：赤坂東児）
開ける，めくる，のぞく，注目する	絵本をめくる，仕掛けカードを開ける	いないいないばあ（作：松谷みよ子，絵：瀬川康男，童心社）	おはなのおかお（作詞作曲・ぼくときみ。）
剥がす，くっつける	マジックテープを付けたりはがす	まるいろてんてん（作・絵：中辻悦子，福音館書店）	だんごだんごがくっついた（わらべうた）

第11章 発達や季節をふまえて保育を構想する（2）

（2）では，2歳児に焦点をあて，年齢による心身の発達の特徴や，季節や環境等の様々な要因をふまえた教材研究を通して，具体的な指導場面を想定し，指導案作成や模擬保育等を実施する。模擬保育では実際にビデオカメラ等で記録し，それをもとにディスカッションによる振り返りを行う等，主体的・対話的な深い学びを目指す。

1 2歳児の保育計画の立案
—フローチャートをもとに—

（1）遊びにおける2歳児の発達

歩行が確立し生活空間が広がり，言葉を話し始める1歳児に続いて，本章では2歳児の表現活動を考えるために，まず2歳児の発達段階についてとらえてみたい。まず，遊びにおける2歳児の姿について次の5つの特徴があげられる[1]。

① 自我が芽生え，自分の主張をお互いにするようになる。
② 手先が器用になり，ものを組み立ててつくることが上手になる。
③ 知りたいという要求が強くなり，ものを入れたり隠したり切ったりするようになる。
④ 身の回りのものを食べ物や乗り物に見立てて遊ぶようになる。
⑤ 動物や人物になりきって，ごっこ遊びを楽しむようになる。

2歳児の特徴は，まず自我の芽生えである。これまでの保護者と同一の世界で過ごしてきた子どもが，自分中心の世界づくりを始めることで，自分の好きな服や食べ物を主張したり，保護者の言うことを聞かなかったり等の行動がみられるようになる。また全身運動を楽しむ1歳児から，手先の巧緻性が発達することで，積み木やパズル，ブロック等の操作を楽しむようになり，生活習慣

1）柴崎正行『子どもが育つ保育環境づくり』学研，2013，p.82.

第11章　発達や季節をふまえて保育を構想する（2）

ではスプーンやフォークの操作がうまくなり，服の着替えが上手になる。春になるとダンゴムシ等の虫探しをしたり，散歩の途中で石や枝を集めたり，好奇心を全開にして園庭遊びを楽しんでいる様子がみられ，積み木を電車や自動車に見立てる等，物を象徴的に見ることができるようになる。そうすることによって，粘土遊びでつくった形をクッキー，パン，ドーナツ等に見立てる遊びが広がり，遊びが盛り上がっていくのである。ごっこ遊びでは，自分自身をヒーローや憧れの人の姿と重ねて，同じような小物や服を身に付けることを好むため，保育室内に自分で身に付けられるような素材が必要になってくる。

（2）2歳児の保育環境で配慮したいこと

2）前掲書1），p.114.

遊びにおける2歳児の姿を受けて，保育環境を設定する上で次の配慮[2]）が必要である。

① 自分の遊びに没頭して楽しめるような環境をつくる。
② 道具や素材を見つけやすいように配置する。
③ 手先，指先を使って楽しめる遊具を用意する。
④ 季節に合わせて，いろいろなものと出会い，探求のできる園庭をつくる。
⑤ 見立て遊びがしやすいシンプルな形の素材を多く用意する。
⑥ なりきり遊びのための素材を用意する。

2歳児の保育環境の設定の際には，ものと空間をどのように配置するかを考えることが重要である。例えば，室内では机に向かってじっくりと手先を使った遊び（パズル，シール貼り等，集中して遊びに取り組む）を行う「静のスペース」，子どもがイメージをふくらませてなり切り遊びができるように布や人形や調理器具での料理等をつくることができる「ごっこ遊びのスペース」を用意する。さらに線路をつなげて列車を走らせる空間「車・レール遊びスペース」，からだを使って遊ぶことができる重い紙パック椅子や肋木[*1]等を置いた「動のスペース」，粘土を捏ねたりつくったりする場，描いたりつくったりする場等，いくつかのコーナーを設定することで，子どもたちが自分の遊びを自ら選び，それぞれが落ち着いて遊ぶことができる。また，もの（素材）に関しては，十分な量を用意することで，取り合うことなく遊ぶことができる。なお，子どもたちが使用する素材についても，どのような材質，色，重さ，大きさ，自然素材，人工素材がよいか，様々な種類の選択肢をわかりやすく（子どもたちが手に取りやすく，元の位置に戻すことが自分でできるように）用意することも必要である。

*1 肋木
体操用のはしご。

（3）保育所保育指針における領域「表現」の内容について

保育所保育指針では，1歳以上3歳未満児の保育に関して感性と表現に関する領域「表現」が設けられた。内容には6つの内容が示されている。

6つの内容

① 水，砂，土，紙，粘土など様々な素材に触れて楽しむ。
② 音楽，リズムやそれに合わせた体の動きを楽しむ。
③ 生活の中で様々な音，形，色，手触り，動き，味，香りなどに気付いたり，感じたりして楽しむ。
④ 歌を歌ったり，簡単な手遊びや全身を使う遊びを楽しんだりする。
⑤ 保育士等からの話や，生活や遊びの中での出来事を通して，イメージを豊かにする。
⑥ 生活や遊びの中で，興味のあることや経験したことなどを自分なりに表現する[3]。

上記からわかるように，領域「表現」の内容は，子どもが表現するアウトプットだけでなく，子ども自らが環境に関わりながら身近にある様々な人やもの，自然の事象等について感じとるインプットの経験を積み重ねることも含まれている。また，音楽，からだの動きといった活動の成果（完成形）を目指すものではなく，身の回りの素材，音，音楽，動き等の表現，お話や出来事を通してイメージを豊かにすること，素材の性質に気付き，感じることを楽しむ経験を積み重ねることが内容としてあげられている。

3）厚生労働省『保育所保育指針』[第2章 2（2）オ（イ）]，2017．

（4）2歳児の活動の際に配慮すること

就学前施設（幼稚園・保育所・認定こども園をいう）での活動では，2歳児の発達段階と生活経験をふまえ，次のことを配慮して行いたい。

① 一斉活動が難しいため，一人一人に配慮すると共に，なるべく少人数（同じくらいの月齢や興味をもつ子ども同士等）で活動する。
② 様々な玩具や自然物等と関わり，探索活動，自己選択ができるように見守る。
③ 幼児（3～5歳）と遊びを共有するなかで育つ。

2歳児は月齢による差や興味の幅が大きいため，1つのクラスで一斉活動することよりも，月齢の近い子どもたち同士が楽しめるような少人数での表現活動が中心になる。また，子どもたちの興味・関心に沿って，就学前施設での生活と結び付いた内容であることも大切なので，子どもたちの様子をよく観察して活動を考えることが重要である。

また，保育者の関わりとして配慮することとして，保育所保育指針解説に，

第11章 発達や季節をふまえて保育を構想する（2）

「子どもが環境と関わり様々な感覚を味わう際に，保育士等もその感覚を一緒に楽しんだり，(中略)感覚とイメージを結ぶ言葉を添えたり，(中略)気付きを促したりすることで，子どものイメージは更に膨らみ，感性も豊かになっていく。このように，子どもの感性や表現力は，保育士等が自身の感性によって捉え，表現したことを取り入れながら育まれていく。保育士等自身が感性を豊かにもち，共感をもって子どもの気付きを受け止めていくことが大切である[4]」と述べられているように，保育者も子どもたちとともに活動を楽しみ，感じたことを言語化し，共感，気付きを促すことが重要である。子どもたちの感性を育むのは，保育者の感性であることを忘れてはならない。

4）厚生労働省『保育所保育指針解説』[第2章 2（2）オ]，2018.

事例11－1　初夏の泥水遊び　5年保育　2歳11か月児　6月

　2歳児クラスの高月齢6人の子どもたちが木陰にある大きなたらいを囲んでいる（写真11-1）。それぞれの手にはヨーグルトやゼリーのカップがあり，たらいのなかの泥水を手元にある小さなバケツに入れ替えている。その場所はすでに幼児クラスが遊んだ後で，足元には水たまりができていて泥だらけではあるが，そのことも気にせず子どもたちは一生懸命，泥水を入れ替えている。

　少しすると，保育者が大きく低めの台を持ってきた。男児3人はそちらに場所を移し，保育者が用意した風呂場で使う椅子にそれぞれ座り，水の入ったバケツと鍋，そしてプラスチックのシャベルを手にして，料理を始める（写真11-2）。3人で歌いながら水を入れ替えていると，先ほどまで一緒にたらいで遊んでいた女児，さらに3人の男児が加わり，お互いにやっていることを見たり，話したりしながら楽しんでいるが，ほどなくしてみんなはほかの遊びに移っていた。

　台で1人泥水の料理を続けているA児（男）はペットボトルを見つけてきて，ズボンを濡らしながら水を入れ替え，料理を続けている。その様子を見て，2人の男児が戻ってきた。3人で話しながら料理を楽しんだ後，3人は近くの大きく広がった水たまりの泥を見つけ，すぐに裸足になり，まるで雑巾がけするような姿勢で3人は泥を手で押しながらぐんぐん進んでいく（写真11-3）。何回か行き来するうちに，手に泥が付き，重くなってきて，手で払ってもきれいにならない。A児は汚れた手を近くの登り棒に擦りつけているうちに，回転しながら登り棒の棒を次から次の棒へと移って遊び始めた（写真11-4）。

　水遊びを始めてから1時間，A児は水・泥遊びを様々な形で楽しんだ。保育者は必要に応じて，机や椅子を出し，汚れた手を満足そうに見せる子

写真11－1　たらいを囲む

写真11－2　料理を始める

どもの表情や声に共感し
て応え，子ども自身がや
りたいことに没頭し，そ
の遊びを広げる援助をし
ていた。

写真11-3　泥を手で押す

写真11-4　登り棒で遊ぶ

　事例11-1では，泥で「感覚」「動き」「見立て」遊びとして展開したが，季節によって，花びら，ドングリ等，様々な自然の素材での遊びが広がり，年長児の遊びを見ることによってさらに遊びが広がっていくだろう。

2　教材研究

　ここでは，一斉活動ではない，2歳児の日常の遊びに生かす素材遊びを考えてみる。保育者が素材を用意するうえで次のことを考慮したい。

① 様々なものに見立てられる素材を用意する（イメージが限定されないもの）。
② 素材を探索し，感じ取る機会を設ける（保育者からの言葉掛けも含む）。
③ 子どもが遊びたい素材を自分で選ぶ（様々な種類，十分な量を用意する）。
④ 1つの素材を様々な領域に関連付けて考える。

　子どもたちが手にする素材については，保育者がその素材の特徴について理解しておく必要がある。子どもがイメージを限定することなく，様々なものに見立てられる素材は子どもの遊びを広げるきっかけとなる。例えば，長さ15cmほどの竹が，太鼓のバチ，食事用スプーン，料理用の菜箸，運転席のハンドル，鬼の角，新幹線にもなる。保育室で様々なものに見立てることができるような自然の素材を積極的に取り入れたい。そのヒントとなるのが素材を選ぶ時の観点（図11-1，表11-1）である。保育室や戸外で子どもが手にする素材について保育者がその特性を理解するために意識したい。

　また，年長児が育てている野菜を園庭のプランターで見ることを通じて食育や絵本や図鑑で確かめることにつなげる等，1つの素材から他領域への広がりについては図11-2と表11-2から考えてみたい。

　以上のことをふまえ，2歳児の遊びにおけるフローチャートを提示したい（図11-3）。ここでは，テーマである「遊び」を中心に，①「感覚遊び」を中心とした「園庭（五感）」，②「素材を使った遊び」として「室内（機能的な遊び）」，③「布」「動物」「乗り物」「風船」「自然物」等の「素材」の各テーマを

第11章　発達や季節をふまえて保育を構想する（２）

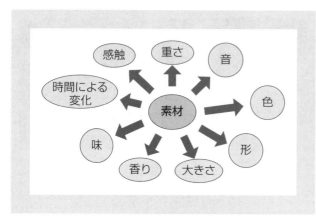

図11－1　素材を選ぶときの観点

表11－1　素材について具体的な観点

重さ	軽い，重い
音	叩き方による響きの違い
色	季節や種類による違い
形	種類による違い
大きさ	同形状であっても用途による違い
香り	種類による違い
味	味わえるものは味わってみる
時間による変化	質感，色の変化等
感触	手で触れた感じを言語化する

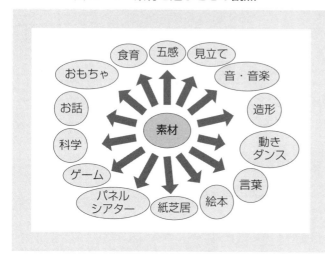

図11－2　素材から様々な領域への広がり

表11－2　領域の具体的な活動内容

感覚遊び	触覚，味覚，嗅覚，視覚，聴覚
見立て	生活で使うものに見立てる
音楽	うた，簡単なリズム楽器，わらべうた
造形	貼る，剥がす，塗る，描く
動き	ダンス，動きの模倣，運動遊び
言葉	言葉遊び，素話，オノマトペ
絵本	物語，図鑑，紙芝居
ゲーム	隠したり，触ってあてる
科学	物の性質，自然，天候
お話	ストーリーとして演じる，ごっこ遊び
おもちゃ	そのまま遊ぶ，おもちゃに生かす
食育	育てる，調理して食べる

深める３項目に分けて考えた。それぞれのテーマはさらに枝分かれした展開が考えられるので，そのヒントとして上記の図表を参考にしてほしい。

3　模擬保育とその振り返り

　それでは，フローチャートをもとに実習を想定して作成した模擬保育の指導案をみていきたい（図11-4）。ここでは，「動物」をテーマに，パネルシアター，絵本，うたを楽しむ流れである。２歳児の活動では月齢の近い子どもたちが一緒に楽しめるように内容を設定し，パネルシアター，絵本を見たり，うたを歌うだけでなく，動きを一緒に楽しんだり，考えたりしながら，子どもの表現を実習生が受け止める等，やり取りをする機会を設けたい。

　振り返りでは，パネルシアターの提示の仕方だけでなく，演じるなかで子ど

3 模擬保育とその振り返り

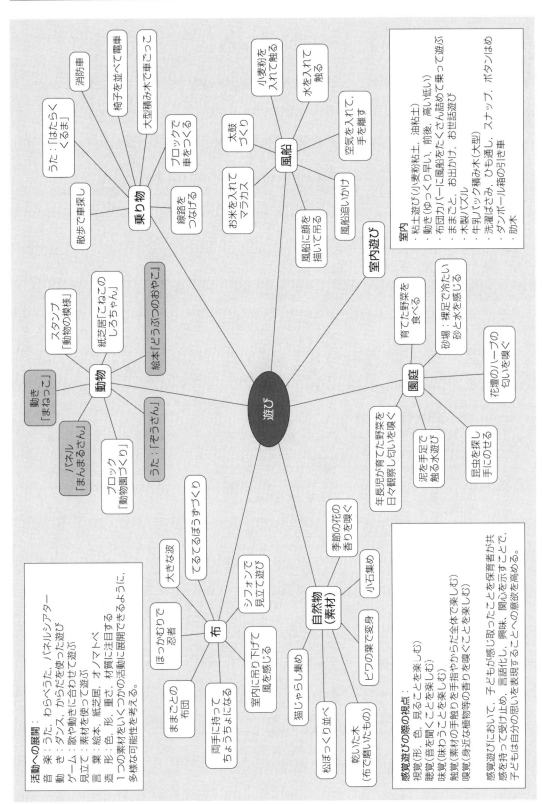

図11-3 2歳児フローチャート例（遊びとの出会い）

第11章 発達や季節をふまえて保育を構想する（2）

7月11日（水） 2歳児 （6名）	実習生 氏名　　○○　○○　印

【子どもの姿】
4月から編入してきた子どももクラスの雰囲気に慣れ，保育室，戸外遊びでも安心して自分の遊びを選んでいる。
保育者に読んでほしい本を選び，読み聞かせを数人で聞きながら，指をさしたり，話したりすることを楽しんでいる。
絵を見ながら歌う機会が多いことから，保育者と共に様々なうたを歌うことを楽しんでいる。

【ねらい】
・パネルシアター「まんまるさん」[※1]を楽しみながら，現れる動物の姿を想像する。
・『どうぶつのおやこ』[※2]を読んで，動物の親子が仲よく過ごしている姿を見て，動きやその表情を味わう。
・うた「ぞうさん」[※3]の2番を自分に置き換えて，考えたことを保育者に伝え，共感しながら歌う。

【内容】	【準備するもの】
・パネルシアター「まんまるさん」を楽しむ。 ・絵本『どうぶつのおやこ』 ・うた「ぞうさん」の問い掛けに，応える。	・パネルシアター「まんまるさん」 ・絵本『どうぶつのおやこ』 ・パネルシアターの台，台を立てるもの

時	予想される子どもの姿	実習生の援助	環境構成
1分	○パネル台の前に集まって，座る。	・パネルの台を用意し，子どもたちに楽しいことが始まるような言葉を掛ける。	・子どもたちがまぶしくないよう，背後を考えて舞台を立てる。
5分	○パネルシアター「まんまるさん」を見る。 ・興味をもって見るうちに，歌いだす。 ・繰り返し歌うなかで，形と色を見て動物の名前をあてるようになる。	・子どもたちの様子を見ながら「まんまるさん」を楽しそうに問い掛け歌う。 ・子どもの言葉を受け止めながら演じる。 ・出てきた動物について聞く。	・舞台が見えるかどうか確認する。 ・出していないパネルが子どもに見えないように背後に置く。 ・抑揚を付けて歌う。
5分	○絵本『どうぶつのおやこ』を読む。 ・知っている動物について話しながら聞く。 ・動物の動きの模倣をする。	・絵本を見せて読み聞かせる。 ・動きを模倣する子どもがいたら，みんなで模倣する。	・子どもたちの気持ちに寄り添いながら，読み進めていく。
5分	○うた「ぞうさん」 ・動きながら歌う子どもがいる。 ・問い掛けられた子どもはうれしそうに「ママ！パパ！」等と応える。 ・保育者が歌う姿を見て喜び，なぜ好きなのかを話し出す子どもがいる。	・絵本のなかの象のページを見せながら「ぞうさん」の1，2番を歌う。 ・2番の歌詞を替えて「○○ちゃん，○○ちゃん，だれがすきなの？」と一人一人の子どもに優しく問い掛けながら歌う。 ・順番に全員の子どもに問い掛け，子どもの答えを受けて一緒に歌う。	・一人一人に歌い掛けながら，自分の番になることを楽しみにしている子どもたちの気持ちを受け止め，なぜ○○が好きなのか？等の問い掛けをしながら歌う。

図11-4　2歳児クラス：フローチャートの一部の指導案（動物）

※1　パネルシアター「まんまるさん」：古宇田亮順『パネルシアターをつくる2』東洋文化出版，1997．
※2　絵本「どうぶつのおやこ」：藪内正幸『どうぶつのおやこ』福音館，1966．
※3　うた「ぞうさん」：まどみちお作詞，團伊玖磨作曲「ぞうさん」

もたちの反応をどのくらい受け止めることができたか，また子どもたちの声に応答しながら次の展開に生かせたかどうか，ということをビデオカメラ等で録画した動画等を見ながら，自分の目線や表情を確認し，グループで振り返ってみることもよいだろう。

『まんまるさん』はクイズ形式のうただが，2歳児には語りかけるような表現をする方が向いている。

絵本『どうぶつのおやこ』においては，読み聞かせるなかで子どもたちが動物の親子にどのような気持ちを抱いているのかを，表情や仕草からじっくり読み取りながら語りかけたい。登場した動物の動きを模倣したり，自分が知っていることを話し出したりする姿も見られるだろう。そのような時にも，その子どもの表現したい気持ちをしっかり受け止めたい。

絵本『どうぶつのおやこ』で親子のつながりを感じた後，うた「ぞうさん」では，実習生は歌うだけでなく，子どもが好きな人の名前を問い掛けてみる。その時に，「ママ」「パパ」「ママとパパとねぇね（姉）」等，子どもたち一人一人の声に実習生が耳を傾け，場合によっては「なんで好きなのかな？」等，子どもたちがその理由を考えて，実習生に応えるような場面を設定してもよいだろう。

パネルシアターを制作する際に，市販の下絵を参考に描くだけでなく，手づくりで動物の表情や色を考えてつくってみるとよい*2。例えば，Pペーパー*3に数色の水彩絵の具で濃淡を付け，染めてから，染め上がったPペーパーを使ってコラージュ風の動物をつくったり，パステルカラー（チョーク）で様々な色を重ね合わせて塗った後に定着液スプレー（フィキサチーフ）で定着させることで，きれいな色合いのパネルシアターを簡単につくることができる。手づくりの保育教材のよさは，実習生自身の保育観を作品に色や形で表すことができることである。市販のものを写してつくるだけではなく，現代アートや古典芸術，多様な文化に触れることで，保育者としての感性を耕し，表現することを楽しんでほしい。実習生のそうした試みが，子どもたちの「表現したい」という意欲につながるからである。

*2　パネルシアター「まんまるさん」

絵の具で染めた不織布をコラージュして手づくりしたもの。

*3　Pペーパー

パネルシアターを作成する際の材料。不織布ともいう。

演習課題

課題1：事例11-1のエピソードで「A児が経験している遊び」を5領域の内容のそれぞれのどれにあてはまるか考えてみよう。

課題2：自分の実習等で経験したエピソードから5領域の内容のどれにあてはまるか考えてみよう。

参考文献

石井章仁『エピソードでわかる！クラス運営に役立つスキル』中央法規出版，2018，p.35.

第11章　発達や季節をふまえて保育を構想する（2）

コラム　子どもと色彩

●好きな色

　3歳から6歳までの子どもが好きな色の調査結果を2000（平成12）年[*1]と2015（平成27）[*2]年で比較してみると，どちらの年でも男児は青系や緑，女児はピンク，水色，紫が上位であり，好きな色には性差が認められた。一方で，赤は男女ともに共通して好まれる色である。この調査結果から，子どもの色彩嗜好は普遍的であることがわかる。

　造形活動の際，材料の色彩選択の場面で子どもの色彩嗜好が反映されることは多く，それをふまえて準備をしておく必要はあるが，保育者が男児は青，女児はピンク，と決めるのではなく，色彩を選択するのは子どもであってほしい。また，ピンクを男児が，青を女児が選んだときその子どもの選択を尊重すること，他の子どもたちが揶揄するようなことがないよう配慮することが大切である。

表11-3　子どもの好きな色

調査年	2001年		2015年	
順位	男児	女児	男児	女児
1	藍色	ピンク	青	ピンク
2	濃紫	水色	赤	水色
3	赤	赤	緑	赤
4	青・緑	橙・紫	黄	紫
5	黒・紫	黄・薄紫・黒	水色	黄

●色彩からの連想

　子どもに赤，青，ピンク，黄，緑の色名から何を連想するか尋ねた調査では，男女差がほとんどみられなかった[*3]。連想されたものは，赤はリンゴやイチゴ，青には空や海，ピンクは桃，黄はレモンやバナナ，緑は葉っぱやメロンと，食べ物や自然・自然物が多い。子どもにとって食べ物や自然・自然物は親しみのある存在であり，馴染みのある色彩なのだろう。

　色彩を用いた活動や遊びを行うとき，食べ物や自然・自然物を例にあげると子どもには理解しやすいことや，子どもの間でイメージが共有しやすいことが考えられる。しかし，本物のリンゴやイチゴは均一な赤で彩られておらず，レモンとバナナの色も同一の黄ではない。空の色も青いときもあれば雲の白が多く感じられたり暗く重い青だったりするときもある。概念的な色彩を知っていると便利なこともあるが，実際の食べ物や自然・自然物の色と向き合い，その色彩の美しさをじっくり感じる機会も設けてみよう。リンゴを食べたり，陽にあたりながら空を眺めたり，風に吹かれながら葉の重なる音を聴いたりしながら，それを絵や言葉，音やリズム，からだで表現するような活動にもつなげてほしい。

[*1]　島田由紀子『幼児の色彩感情』美術教育学，第22巻，2001，pp.95-104.
[*2]　ビデオリサーチオープンカフェ，https://vropencafe.video-research.jp/figures/figureofmonth-14.html
[*3]　島田由紀子・大神優子『色名からの子どもの連想語』日本色彩学会誌，第36巻，2012，pp.64-65.

第12章 発達や季節をふまえて保育を構想する（3）

（3）では，3・4歳児に焦点をあてる。3・4歳児は，（1）や（2）とは異なり，就学前施設の種別による保育の特徴もあるが，いずれにあっても，発達の連続性を忘れてはいけない。合わせて，活動の連続性にも着目した教材研究から，指導案を作成，模擬保育等を実施する。振り返りでは，客観的に保育を見つめる目を養いたい。

1　3・4歳児の保育計画の立案
―フローチャートをもとに―

（1）3・4歳児の保育の特徴

　2歳児と3・4歳児の違いの一つに保育状況がある。2016（平成28）年度の資料によると，1・2歳児は全体の46.4％が保育所，認定こども園に入園しているが，3歳児になると就学前施設（幼稚園，保育所，認定こども園をいう）に93.1％が入園し，4歳以上児に至っては就学前施設に100％入園している[1]。これは，1・2歳児を中心に保育所や認定こども園利用者が増えつつも，依然として，わが国の約半数の子どもは，3歳になり初めて保護者から離れての生活を経験することを示している。

　一般的に，幼稚園は3年あるいは2年保育が多い。近年は3年保育の子どもが増えているが，2年保育の子どもも少なからずいる。家庭でゆったりと過ごしている期間が長い分，入園当初は環境の違いに，戸惑いも大きいだろう。園での経験に差があるがゆえに，子どもが集団生活の楽しさを感じられるまでは，保育者（幼稚園教諭，保育士，保育教諭をいう）は，家庭との連携を密にしながらていねいに子どもの姿を読み取り，活動を展開する必要がある。一方で保育所や認定こども園では4月当初であっても，子どもによっては就学前施設

[1] 大豆生田啓友・三谷大紀編『最新保育資料集2018［平成30年版］』ミネルヴァ書房，2018，p.23.

での経験があるため，活動の継続性を保ちやすい。

以上のように，同じ3・4歳児であっても，それぞれの就学前施設により状況は異なる。しかし，どのような状況であっても3・4歳児の保育には，一人一人の子どもの状況を把握した上で，幼児教育のまとめの時期にあたる5歳児の育ちを支える経験を積み重ねられるような配慮が求められる。

（2）フローチャートをつくる

友だちとの関わりが増えてくるこの時期の保育計画は，個々の子どもの興味・関心を深める環境を確保しながらも，保育者や友だちと一緒に興味・関心を広げる活動を立案することが大切である。

ここでは，「色*1と出会う」をテーマにフローチャート（図12-1）を提示する。あくまでも一例であり，自分の経験や発想を基に独自のフローチャートを作成してほしい。

*1　色
色には色料と色光の2種類ある。
色料とはものに色を付ける際の顔料や染料（絵の具・クレヨン・インク等）を指す。
色光は光を指す。光の光源（照明器具・テレビ等）から放射される空間を目で感じる光の波長の範囲（可視光）は400nm（紫）〜700nm（赤）とされている。

2　教材研究

活動のテーマやねらいは，子どもの姿や育みたい資質・能力と照らし合わせ設定する。その際，フローチャートを参考（本章の場合，図12-1）にするとつながりのある保育を展開しやすい。

子ども一人一人の経験や発達に違があっても，保育者の支援次第で同じ活動を楽しむことは可能である。子どもたちの姿を思い浮かべながら，ねらいや発達に応じた保育の展開を検討し，そのために必要な準備について考えてみよう。

（1）試してみる

活動のテーマがある程度決まったら，手順を確認しながら試作品をつくる，時間を図りながら練習する等，必ず事前に試してみよう。それは専門職としての最低限の準備である。安全面への配慮，環境構成の検討，個々の子どもの育ちと子ども相互の関係の広がりや深まりを想定することも重要である。また，頭のなかで想定していた展開では難しいと気が付いたり，思いがけない保育の展開を思い付いたりすることもある。

そして，しっかりと事前準備をすることで，個々の発達や経験に応じて準備しておいた方がよいもの等にも気が付く。特に，3・4歳児は気の合う友だちを意識しつつも自我がはっきりしてくるので，一人一人の発達や興味・関心に応じて「表現」を楽しめる配慮は必要不可欠である。

2 教材研究

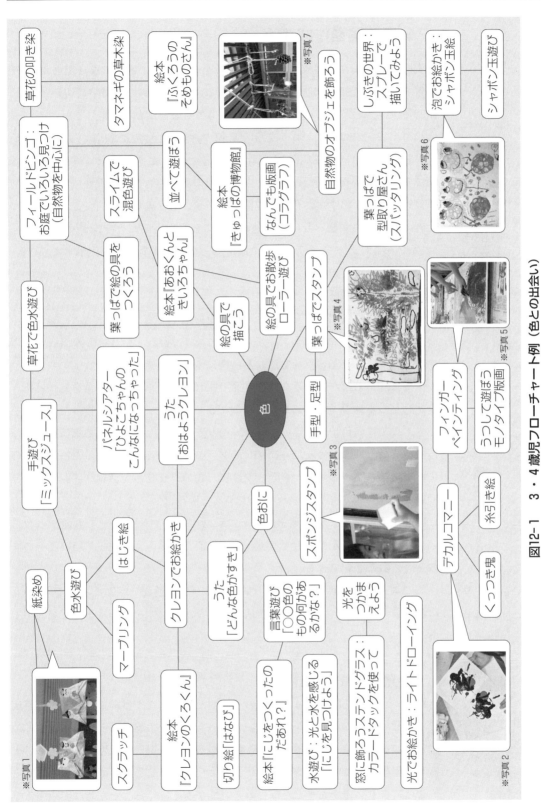

図12-1 3・4歳児フローチャート例（色との出会い）

※写真1、2、4、6、7：幼児の作品、写真3：千葉県船橋市（福）めぐみ保育園の保育実践から、写真5：筆者の授業実践

（2）指導案を作成する

　実際に試し，環境構成・準備物や指導上の留意点が明確になったところで，実習を想定した指導案を作成し，ねらいに対する活動の展開が適切かどうか，確認しよう。また，状況に応じ縮小や発展してもよい活動を想定しておくとよい。

　指導案に記載はしないが，必要な準備や練習（絵本や紙芝居の下読み，伴奏・歌詞を覚える等）を明確にし，忘れずに行いたい。このような準備が，保育場面での臨機応変な対応だけでなく，安心感のある保育へとつながっていく。

　保育者の醸し出すおおらかな雰囲気は，子どもが安心して自分を表現しつつ他者の表現から刺激を受ける活動の展開の前提であることを忘れずにいたい。図12-2～4に，フローチャート（図12-1）の一部の指導案を提示する。

1）保育の連続性

　基本的な生活習慣を確立した3・4歳児の就学前施設での生活は，遊びを中心とした活動を軸に営まれている。ここでは，図12-1の「色との出会い」のフローチャートを基に季節を感じる活動について考えてみよう。

　例えば，落ち葉が多くみられる季節であれば，紅葉した落ち葉を見つけ拾う姿は，どの年齢の子どもにも見られる。3・4歳児であれば，拾った落ち葉を並べ1枚1枚の色や形の違いに気付いたり，きれいと感じた落ち葉は自宅に持ち帰ったり，仲よしの友だちにプレゼントしたりすることもあるだろう。このような，落ち葉との出会いをきっかけに，絵の具を使った活動へ展開することで新たな色や形を用いた表現へと広がる。例えば，スタンピング[*2]で葉の形に関心をもつ，あるいは葉を紙の上に乗せてのステンシル[*3]でも同様のねらいを達成することができるだろう。視点を変え，落ち葉を使って絵の具そのものをつくることもできる[*4]。

　このように身の回りの事象への気付きを一度の活動で完結するのではなく，次の活動の導入とし，多様な表現活動へつながる展開を心掛けることが大切である。

2）発達をふまえた保育

　保育における連続性とは，活動の連続性だけではなく年齢ごとの発達の連続性も忘れてはならない。同じ「秋」であっても，その感じ方と表現には個々の子どもの個性を超えた年齢なりの特徴がある。3歳児と4歳児の指導案を考える時，年齢によりねらいや留意点がどのように，なぜ異なるのか具体的に考えることにより発達をふまえた保育の必要性がみえてくる。ただし，実践する際

[*2] スタンピング
　技法遊びの一種。野菜の断面，ダンボール，梱包材等に絵の具やインクを付けてポンポンと押し，形の面白さを味わう。比較的手軽に絵の具に触れたり，何色か用意すれば色遊びを楽しめたりできるので，低月齢の子どもにも取り入れやすい活動である。

[*3] ステンシル
　型を置き，固定またはしっかりと押さえ付けた上から色を乗せていく。絵の具が乾いてから型を外す。繰り返し行うことで，同じ形をコピーできる。

[*4] 落ち葉を大まかな色ごとに分けた後，細かくちぎったり，すり潰したりして顔料として使用する。展色材として木工用ボンドやアクリル絵の具用メディウム（光沢がでるジェルメディウムや，逆につや消しの効果のあるマットメディウムなどがある）等の乾くと固まる液体と混ぜると絵の具になる。

部分実習指導案		実習生 氏名　　〇〇　〇〇　　印	
6 月 20 日（●） 10 時 20 分 ～ 11 時 00 分		指導担当者　　△△　△△　先生　　印	
3 歳児	◇◇ 組	男児 7 名　女児 5 名　計 12 名	

主な活動
はじき絵で雨を表現してみよう

活動選択の理由	ねらい（○）内容（・）
梅雨入りし，雨の日が増えてきて紫陽花やカタツムリに親しむ姿が見られる。また，ほとんどの子どもがクレヨンがしっかり握れるようになり，色数豊かにお絵かきを楽しむ姿が見られる。	○雨の日を楽しく過ごす。 ○絵の具に興味をもつ。 ・梅雨ならではの草花や生き物をはじき絵で表現する。
環境への配慮（準備等）	自己評価の観点
画用紙：八つ切り1/2，15枚　　クレヨン 絵の具：青（薄めに溶いておく）　　新聞紙 太めの平筆または刷毛：人数分 机は4人ずつ座れるように，3台用意する。	・導入から雨の日のイメージを広げることができていたか。 ・絵の具の濃さ，紙の大きさは適切であったか。

時間	環境の構成	予想される子どもの活動	援助・関わりの留意点
10:20	・グループごとの机に紫陽花の花を飾る。	・花に気が付き，そっと触ったり，においをかいだりする子どもがいる。 ・同じグループの友だちと紫陽花について話す。	・花が見やすいように子どもの目線と同じか，やや低い位置になるような花瓶に生ける。
10:25		○「あめふり」「かたつむり」「かえるのうた」「おはながわらった」を歌う。 ・保育者の方にからだを向けて椅子に座る。	・子どもが歌いやすい速度でピアノで伴奏をする。必要に応じて歌詞の先読みをする。 ・紫陽花を机の上から棚の上に動かし，子どもたちには保育者の方へ椅子ごと向きを変えるよう言葉を掛ける。
10:30	・八つ切りの画用紙に実習生が話しながら絵を描いていく。	○保育者の描く絵を見ながら話を聞く。 ・描き進められる絵を見ながら，共感したり，自分の経験を話したりする子どもがいる。 ・雨が見えない，降っていない，と言う子どもがいる。	・全員がよく見える位置に立ち，素話をしながら，以下の順に実習生がクレヨンで絵を描いていく。 ①庭に咲いている色とりどりの花 ②おひさま→雲（おひさまを塗りつぶす）→雨（白） ③子どもたちとのやりとりを楽しみながら傘等を描き足す。 ④雨がひどくなってきたと伝え，雨を白で描き足す。 ⑤魔法の筆を持ってきたことを子どもたちに伝え，雨を描いた部分を青い絵の具で塗る。 ⑥画面全体を塗る。
10:40	・子どもがクレヨンを取りに行っている間に，机に新聞紙を敷き，画用紙を配る。 ・早めに絵を描き終わった子どもにはクレヨンを片付けるよう言葉を掛け，落ち着いたところで絵の具を机の真ん中に置いていく。その際，個別に筆の使い方，塗りすぎに注意すること等を伝える。	○はじき絵をする ・クレヨンをロッカーから持ってきて，画用紙を受け取った子どもからクレヨンで雨の日の絵を描き始める。 ・絵が描き終わった子どもは，絵の具を塗る。 ・作品を保育者に預けたら手を洗い，制作コーナーから離れた場所で，絵本や積み木等で遊ぶ。	・雨を描いた後に魔法の筆を貸してあげること，一人一人が雨の日に見つけたものを描けるように促す。 ・クレヨンは筆圧を強く，絵の具は画面全体にやさしく塗るよう声をかける。 ・じっくり取り組んでいる子どもがあわてることのないように，クレヨンは保育者が片付け，制作を進めるよう促す。 ・早く終わった子どもの作品を預かり，作品乾燥棚に入れて乾かす。
11:30		○順次，好きな遊びを楽しむ。	
	※作品が乾いたら，保育室内に掲示する。 ※午後に絵本『ぞうくんのあめふりさんぽ』を読む。		・様子を見ながら，絵の具等を片付ける。

図12-2　3歳児クラス：フローチャートの一部の指導案（はじき絵）

第12章 発達や季節をふまえて保育を構想する（３）

部分実習指導案		実習生 氏名 ○○ ○○ 印	
11 月 20 日（ ● ） 10 時 20 分 ～ 11 時 15 分	指導担当者	△△ △△ 先生 印	
3 歳児	◇◇ 組	男児 7 名 女児 5 名 計 12 名	

主な活動
光をつかまえよう

活動選択の理由	ねらい（○）内容（・）
追いかけっこ等からだを動かしたり，簡単なルールのある遊びを楽しんだりする姿が見られる。	○身近なもの（鏡）の特性を知ると共に，色を認識する。 ○簡単なルールを守り楽しくからだを動かす。 ・保育者が鏡に反射させた光を見つけ，触る。
環境への配慮（準備等）	自己評価の観点
手鏡：5 枚 カラーセロハン：黄色・青・緑・赤 ※場所は，壁が広いホールまたは遊戯室を使用する	・鏡や光に興味をもたせることができたか。 ・約束をわかりやすく伝え，安全に配慮できたか。

時間	環境の構成	予想される子どもの活動	援助・関わりの留意点
10:20	・活動場所の電気はつけない。 ・大型積み木やフープ等で遊べるコーナーをすぐにつくれるよう取り出しやすいところへ移動しておく。		・ホール（または遊戯室）で遊ぶことを子どもに伝え，動きやすい服装か確認する。
10:25 10:30		○ホール（または遊戯室）に移動する。 ○ホールで遊ぶ時の約束事を確認する。 ・「キラキラちゃん」に興味をもち，呼んでみたり，立ち上がる子どもがいる。 ・「キラキラちゃん」と会話しながら，約束事を確認し，光に合わせてからだを動かす。 ・「キラキラちゃん」の友だちの色にちなんだ名前を付ける。 ・簡単なルールに合わせ，からだを動かす。	・走っている子どもはいないか等，見守る。 ・子どもに問い掛けながら，みんなで楽しく遊ぶための約束事を一人一人が確認できるようにする。 ○活動の内容を説明する。 ・鏡に反射させた光を天井に映し「キラキラちゃん」が今日は遊びに来てくれたと子どもたちに紹介し，ごっこ遊びとして光に関心をもてるように配慮する。 ・「キラキラちゃん」の後について歩く・走る・（光を床と天井に行き来させ）跳ぶ等の動きを促す。 ・「キラキラちゃん」の友だちとしてカラーセロハンを貼った鏡で反射した色光を紹介する。 ・男女や生まれた月ごと等，指定された子どものみ特定の色を探し触る等簡単なルールのゲームを数回行う。
10:50 11:10	○ウレタンマット等でコーナーを作り，大型積み木やフープ，縄跳び等を用意する。 ・「キラキラちゃん」と遊ぶ子どもとぶつかることのないように配慮する。 ○近くにいる子どもに言葉を掛け，大型積み木等を片付ける。	・休息やこれからの活動について保育者と相談する。 ○片付ける。 ・保育者の模倣や促しを受け，片付けをする。 ・近くにいる子どもと手をつなぎ，歩いて保育室へ戻る。	○子どもを集める。 ・このまま「キラキラちゃん」たちと遊びたい子どもと，大型積み木や縄跳び等で遊びたい子どもがいるか等，子どもたちの希望を聞く。 ・排せつや水分補給をしたい子どもを確認する。 ・子どもと一緒に遊びながら，危険のないようにホール全体を見守る。 ・時間を見て，「おなかすいたね，給食何かな？」等近くにいる子どもと話しながら，次の活動に見通しをもたせ片付けを促す。 ・全員がそろっていることを確認し，保育室へ移動する。
11:15			

図12－3　3歳児クラス：フローチャートの一部の指導案（光をつかまえよう）

には個々の子どもの感じ方や表現を年齢なりの特徴にあてはめすぎることのないように注意したい。そのためには，常日頃から保育者自身が柔軟性をもち，感性を豊かにしておくことが望ましい。

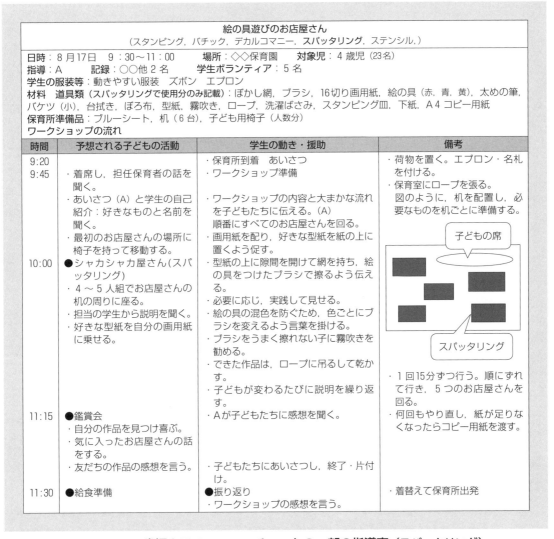

図12－4　4歳児クラス：フローチャートの一部の指導案（スパッタリング）
※事例12－1に対応する部分のみ抜粋，筆者による加筆・修正あり。

3 保育ボランティアとその振り返り

(1) 模擬保育

　保育を構想する力を身に付けるには，保育の現場で子どもから学ぶのが一番であるが，学生にとっては実習以外では難しいのが現実である。そのため，学内で保育を構想する力を身に付ける機会として，実習を想定した模擬保育を取り入れている養成校は多い。模擬保育を行うことにより，活動案や指導案を立案し実践することを通して，対象者から言葉のフィードバックが得られる，子どもの気持ちを共感的に理解できる，環境設定を行うことにより間接的な援助の疑似体験ができる等の利点が指摘されている[2]。

2）槇 英子『保育をひらく造形表現』萌文書林，2008，p.107.

　模擬保育は立案・実践・振り返りを通して保育の改善や新たな視点を得ることが重要であり，スムーズに進行することが目的ではない。子ども役は立案者（保育者役）の意図を汲み取りすぎないように注意したい。
　ここでは，実際の保育で行った保育ボランティアの事例を取り上げ，その振り返りを行う。

(2) 振り返り

　4歳児の指導案（図12-4）に従い，4歳児に対して保育補助を行ったボランティア学生の感想[*5]を事例12-1として記載する。皆さんはこのボランティア学生の感想をどのように感じるだろうか。

*5　筆者が共同研究者と共に保育所でワークショップを行い，その振り返り後の感想を，抜粋・要約した。

事例12-1　「絵の具遊びのお店屋さん」ワークショップに参加して　4歳児 8月

　私の担当はスパッタリングで，グループごとで1回に4歳児4〜5名と行いました。技法遊びを人に伝えたことがなく不安でしたが，念のため，ブラシ絵が難しそうな子ども用に霧吹きを準備していきました。
　活動が始まり，子どもたちが夢中になってスパッタリング[*6]を楽しむほど，ブラシ絵がうまくいかない子どもへの助言，うまくいった子どもの「もっと！」に応じての紙のおかわりの準備，できた作品の保管，霧吹きを使いたい子どもへの説明で手がいっぱいになってしまいました。そのため，言葉掛けに余裕がなくなり①褒める言葉掛けが「上手！」だけになってしまいました。また，スパッタリングと霧吹きの両方をやりたい子どもがいる時に，ある程度のところで切り上げて新しい紙を渡すことに気が付くのが遅くなり，絵の具が飛び散った模様がわからなくなってしまうことがありました。今回の経験から，②行為を楽しむ時と作品を残す時の子どもへの関わり方の違いに気が付くことができました。また，子どもたちの作品のなかには吊るして干すと絵の具が垂れてきてしまうものもあり，そのような作品は床に置いていました。つい，子どもたちの動線に

置いてしまいました。吊るせない作品を置く場所も想定しておけばよかったことに気付きました。

今回は，型紙の上からスパッタリングを行いました。子どもたちの様子を見ていると，型紙を取ったら形が出てくることを楽しむよりも，ブラシを網に擦る，霧吹きで紙に吹きかける行為そのものに夢中になっている子どもが多いように感じました。なかには，ブラシから網目に絵の具が付いた後も，もう一度ブラシを動かすと網目から絵の具が消えていることに気が付き，「マジックだ！」と驚いている子もいました。想定していたよりもブラシが硬かったためか，力加減が難しい様子で，霧吹きをやりたがる子どもが多かったように感じました。混色をしてブラシを擦ったり網やブラシを紙に擦りつけたりと自分なりに画材に触れてみようとする子どもの姿も見られ，正直，一人一人のやりたい気持ちを大切にしながら関わることは難しかったですが，年齢に合わせた工夫について考えるきっかけとなるワークショップでした。

皆さんはこの事例12-1のどこに焦点を置いて何を読み取っただろうか。読み取り方や感じ方の違いを共有することにより，活動を通した子どもの姿を多角的に読み取るヒントが得られるのである。

もう一歩，学びを深めるために事例検討（振り返り）で満足せず，さらに展開した保育を考え，学内で模擬保育として実践してほしい。実践に向けて仲間と検討することを通して，他者の保育観を知り，自分にはない視点に気付くことは，保育者の連携についての学びにつながるだろう。また，模擬保育に向けた準備・実践から，保育における知識・技能の向上の必要性を実感できよう。このような様々な方法を通して，子どもと共に表現を楽しみ，子どもの姿や表現を大切にすることを学び，そして，そのために何をすべきか問い続ける力を養うことができる。

*6　**スパッタリング**

ブラシに絵の具を付け，ぼかし網の上から擦ると，スプレーで吹きつけたような模様ができる。

● **演習課題**

課題1：色との出会いをテーマに3歳児，4歳児の活動の導入の参考になる絵本・紙芝居について調べてみよう。

課題2：事例12-1の下線部分①を参考に，活動のねらいに合わせた言葉掛けの内容とタイミングについて考えてみよう。

課題3：事例12-1の下線部分②を参考に，発達にふさわしい活動のねらいの設定と援助について話し合ってみよう。

● **参考文献**

小田　豊監修『教育・保育実習と実習指導』光生館，2012．
北沢昌代・畠山智宏・中村光絵『子どもの造形表現―ワークシートで学ぶ―』開成出版，2016．
三澤一実監修『美術教育の題材開発』武蔵野美術大学出版局，2014．

コラム　活動空間と表現の広がり

　就学前施設における「空間」といえば，「保育室」「園庭」「遊戯室」等を思い浮かべるだろう。では，子どもの豊かな表現を育む，就学前施設の「空間」とはどのようなものだろうか。建築家で環境デザイナーの仙田満は，「遊び空間」は「遊び場（子どもの遊びが行われている具体的な場）」と「遊び方法」によって構成される空間であると述べている[*1]。さらに仙田は，遊び場と遊具の配置に子どもの豊かな表現を育む構造を見いだし，「遊環構造」として，その特徴を次のように整理している。① 循環機能があること，② その循環（道）が安全で変化に富んでいること，③ そのなかにシンボル性の高い空間，場があること，④ その循環に"めまい"を体験できる部分があること，⑤ 近道（ショートサーキット）ができること，⑥ 循環に広場，小さな広場等がとりついていること，⑦ 全体がポーラス（多孔質）な空間で構成されていること，の7点である[*2]。"めまい"を体験できる部分とは，カイヨワの「イリンクス（めまい）」からきている。遊びの本質を追究したカイヨワは，遊びを「アゴン（競争）」「アレア（運）」「ミミクリ（模擬）」「イリンクス」の4つに区分している。この「イリンクス」を楽しむ遊び行動を，仙田は「めまい的遊び行動」として，飛び跳ねる，飛ぶ，ゆれる，すべる，かけおりる，といった行動をあげている。

　図12-5は，ある幼稚園の園庭で行われた音楽遊びの環境図である。シンボル性の高い木が2本あり，その木の側に楽器コーナーとコンサートコーナーがしつらえられている。子どもたちは楽器コーナーとコンサートコーナーを自由に行き来することができ，その循環の途中に，木にぶら下がってみたり，木に登ったりして，コンサートに参加していた。つまり，ここで行われた音楽遊びでは，① 循環構造があり，②そ

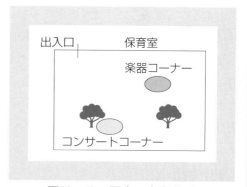

図12-5　園庭で音楽遊び

のなかにシンボル性の高い空間があり，③ めまいを体験できる遊びコーナーがあった。仙田の述べる「遊環構造」すべてにあてはまるわけではないが，こうした子どもの表現を育む活動空間が保障されていたことによって，直接的にこの音楽遊びに参加していなかった子どもたちにも音楽が共有されていった姿を見ることができた。

* 1　仙田 満『こどものあそび環境』鹿島出版会，2009，p.3.
* 2　前掲書*1，p.135.

第13章 発達や季節をふまえて保育を構想する（4）

（4）は心身ともに成長した5歳児に焦点をあてる。日々の遊びを通して社会性や協同性を身に付けていく5歳児の自由な表現活動について，具体的な教材研究を通して，指導案を作成し，模擬保育等を実施する。振り返りでは，こうした5歳児の姿が，秋以降の「幼児期の終わりまでに育ってほしい姿」へとつながっていくことを理解する。

1　5歳児の保育計画の立案
―フローチャートをもとに―

（1）5歳児の表現活動の立案で大切にしたいこと

1）5歳児の自由な表現を大切にした表現活動

　保育における表現活動では，子どもの自由な表現を大切にし，友だちと一緒に表現することを楽しむなかで，感性や表現力を育み，子どもの学びを深めていくことが重要である。そして子どもの「もっとやってみたい！」という意欲，「できた！」という達成感，「すごいでしょ！」という思い，これらを認め，自己肯定感を育み，子どもの自信につなげていきたいものである。

　5歳児の自由な表現活動では，それまで経験してきた子どもの自由な表現の保障の度合いと，5歳になってからの自由な表現のための時間と場の保障の度合いによって，個人差がみられるようになる[1]。したがって，保育者（幼稚園教諭・保育士・保育教諭をいう）は，子ども一人一人の個人差をふまえて日常の保育の様々な場面で，子どもの内的動機を高める働き掛けを行い，子どもからの「やってみたい！」という思いを生み出し，その思いを実現するために支えることが求められる。この繰り返しのなかで，5歳児の表現は豊かになり，表現に関する学びが深まり，意欲や自己肯定感，自信が育まれるだろう。また，

1）無藤 隆監修，浜口順子編集代表『新訂 事例で学ぶ保育内容＜領域＞表現』萌文林，2018，pp.62-63.

友だちと一緒に表現するなかで関係性も深まっていく。このような子どもの思いを生み出し，表現に関する学びを深めるためには，次の3つのポイントに留意したい。

2）保育者のモデルの提示

1つ目のポイントは，保育者が，5歳児の姿に基づき，適切な表現方法や実際の作品等をモデルとして提示することである。例えば，音やからだの動きによる表現遊びの際に，保育者が魅力的なモデルを示し，これに基づき，子どもたちがまねしてやってみる。さらに，まねすることで生まれる子どもの表現が，他の子どものモデルにもなって広がっていく。また，保育室や5歳児が造形遊びを行う場所に作品を置いておいたり，造形遊びの際に，モデルとして実際に作品をつくって見せたりする。このようなことで，子どもたちの「つくってみたい！」という思いを引き出し，つくり方も無理なく理解することができるのである[2]。

3）達成感を味わうための限定

2つ目のポイントは，5歳児が自由に表現することを楽しみ達成感を味わえるよう，保育者が表現内容をあえて限定することである。造形遊びの際には，5歳児の姿に基づき，素材やその組み合わせ方，方法等を吟味する。また，音や動き，言葉等による表現遊びの際には，音素材や動きを限定し，形式を用いたりして，即興的な表現を楽しみ，達成感を感じられるように支える。活動内容によっては，次第にストーリーを明確にしたり，アンサンブル等へ形を整えたりして限定していくことで，達成感を味わえるように支えることが大切である[3],[4]。

4）表現活動の総合的な展開

3つ目のポイントは，5歳児のこれまでの遊びや生活に基づき，表現活動も一斉活動としてだけではなく，自由遊びや他の保育の場面と関連付けて総合的に展開することである。保育形態は就学前施設（幼稚園・保育所・認定こども園をいう）により様々であるが，一斉活動と自由遊び等によって構成されている場合には，表現活動は単に一斉活動の時間のみに行うのではなく，自由遊びや帰りの会等の就学前施設での遊びや生活における様々な場面を有機的につなぐことが大切である。つまり，表現活動も活動内容によっては，一斉活動だけでなく，子どものこれまでの体験をふまえ，現在の子どもの姿から活動を予測し，就学前施設での遊びや生活のその後の子どもの活動を豊かにする保育者の

2）井口太「幼児の音楽的表現の指導-即興的な表現の実際の分析を通じて-」東京学芸大学紀要，第1部門，教育科学，45，1994，pp.1-8.

3）中地雅之「ドイツ語圏の音楽教育における『即興』(Improvisation)の意義，日・独音楽教育の比較教育学的考察」季刊音楽教育研究，36（1），音楽之友社，1993年1月，pp.150-161.

4）中地雅之「第二章 音楽と芸術性，二・四 即興 (Improvisation) における〈自由〉と〈限定〉の意味」，河口道朗監修『音楽教育史論叢 第Ⅰ巻』開成出版，2005，pp.142-153.

願いを様々な環境に盛り込んでおくことが必要である。例えばそれは素材，道具，用具等であり，絵本の登場人物からの手紙等でもある。また，生活の様々な場面で歌って聞かせたり，踊ってみせたりする保育者の歌や踊りの表現，さらにはその場の雰囲気等でもある。そして，そこから生み出される子どもの自由な表現を保育者が見通しをもって援助し深めていき，一斉活動や行事のなかでの表現活動へと展開するのである[5]。その活動は，保育者の環境構成等により，再び自由遊びへとつながり，広がっていき，一斉活動等での更なる展開へとつながっていく。このような連続性のなかで，子どもの表現に関する学びが深まるのである[*1]。

（2）「出会い」をテーマにしたフローチャート及びその一部の指導案

ここでは，5歳児の自由な表現を育む可能性として，春の保育の一例に「出会い」をテーマとして選んだ。この「出会い」をテーマにした活動は，春に限らず，保育の様々な場面で応用できる。「出会い」をテーマにし，子どもの姿に応じて様々な表現活動を展開ができるようフローチャート（図13-1）を提示し，その一部の指導案（図13-2）を提案する。なお子どもの自由な表現を育むことを大切にしているある幼稚園の保育実践を参考にして，フローチャートの一部やそのなかの「なかよし会」での歌唱活動に関する指導案を提示している。

5歳児クラスでは，5・6歳の子どもたちが共に生活する。5歳になると，基本的な生活習慣が身に付き，諸能力が発達し，見通しをもって生活できるようになる。また，言葉で考えられるようになっていき，周りの出来事や，文字への関心も高まっていく。更に，役割を分担し，友だちと目標を共有して協同的に活動したりする姿がみられ，相手の立場から物事を考えられるようにもなっていく[6]。そして，複雑な折り紙を折って楽しんだり，絵の具を使って絵を描いたりするようになっていく。運動機能の発達によって自分の表現したいことをからだの動きでもていねいに表現しようとするようになり，グループでもイメージを共有して表現できるようになる。また，歌ったり楽器を鳴らしたりすることを，一人でも友だちと一緒でも楽しむようになっていく。

新学期を迎え，年長になり，子どもたちは新しい環境に慣れると，年下の子どもの世話や自由遊びでの関わり，共に楽しむ施設の行事等を通して，異年齢の子どもとも関係性を築いていく。5歳児が年下の子どもたちを招待する会では，「『やっとぼくたち，わたしたちの番だね！』とワクワクしながら，相談や準備をし」[7]，クラスの友だちとの関わりを深める。当日，子どもたちは「で

5）永岡和香子「幼児の主体的・総合的な表現活動の実践-5歳児クラスの実践事例の分析を通して-」全国大学音楽教育学会研究紀要，24，2013，pp.21-30.

＊1 ここまで述べた点は，他の年齢の子どもの自由な表現活動においても重要な点でもある。

6）秋田喜代美総監修『発達が見える！5歳児の指導計画と保育資料 第2版』学研プラス，2018，pp.13-17.

7）日吉台光幼稚園HP「子どもたちの園活動，子どもたちの一年,なかよし会」(http://www.hikari-y.ed.jp/gyoji/nakayosi.html).

第13章 発達や季節をふまえて保育を構想する（4）

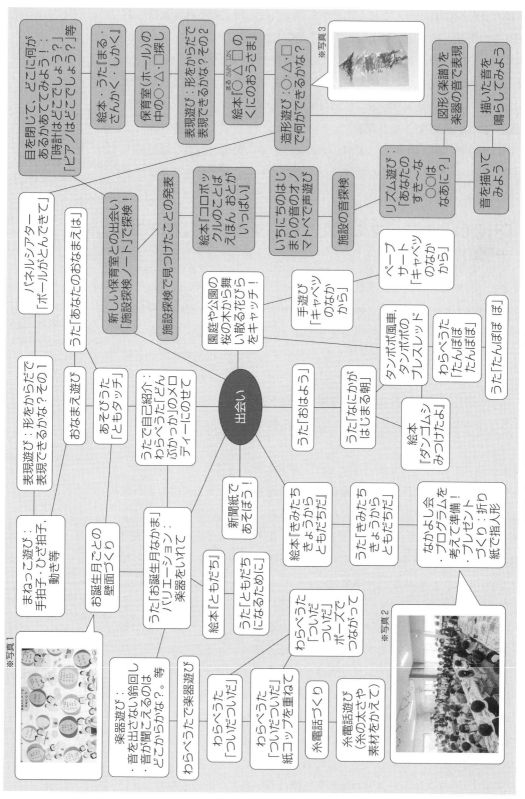

図13-1　5歳児フローチャート例（出会い）

※写真1、2：日吉合光幼稚園の保育実践から　※写真3：子どもの作品

1　5歳児の保育計画の立案―フローチャートをもとに―

4月12日（木）晴れ	指導者名　△△　△△　先生　印
さくら（5歳児）　男 10名　女 14名　計 24名	実習生　氏名　○○　○○　印

【子どもの姿】　5歳児クラスになったことを喜ぶ子どもの姿が見られるものの，まだ新しい環境に慣れていない子どもも見られる。自由遊びの際に，実習生が「きみたちきょうからともだちだ」をピアノで弾き歌いすると，興味をもって，一緒に口ずさみ，実習生と共に動きながら歌う子どもの姿が見られる。

【ねらい】　絵本『きみたちきょうからともだちだ』を通して，「なかよし会」への興味をもつ。
　　　　　うた「きみたちきょうからともだちだ」に動きを付けて歌うことを楽しむ。
　　　　　今月のうた「たのしいね」を手拍子を鳴らしながら友だちと共に歌う楽しさを味わう。

【内容】	【準備するもの】
絵本『きみたちきょうからともだちだ』を見る。うたを歌うことを楽しむ。「たのしいね」を歌うことを楽しむ。	絵本，歌詞カード（「たのしいね」の歌詞は新学期から，「きみたちきょうからともだちだ」の歌詞は数日前から，それぞれ保育室の壁面に貼っておく），楽譜，春の花の写真（保育室の壁面に貼っておく）

時間	予想される子どもの活動	実習生の援助	環境構成及び配慮点
13：30	○手遊び「キャベツのなかから」を歌う。 ・実習生を見ながら「キャベツのなかから」の手遊びを歌い始める。	・クラス全体の様子を見ながら手遊びを始め，リズミカルに歌う。	（保育者）　　　（ピアノ） ○○○○○○○○ 　○○○○○○○○ ○○○○○○○○ ・ピアノの譜面台に楽譜を，手元に絵本をそれぞれ用意しておく。
13：33	○絵本『きみたちきょうからともだちだ』を見る。 ・絵本の内容に興味を示す。 ・絵本のなかでうたが出てくる場面で，実習生と一緒にうたを口ずさむ。	・クラス全体の子どもたちに見えるように絵本を示す。 ・絵本のうたの部分では，子どもたちの「歌いたい！」という思いにつながるよう，実習生は歌う楽しさが伝わるように歌う。	・絵本のカバーは，読み聞かせの際に邪魔にならないように，あらかじめ外す，テープでとめておく等，準備しておく。 ・お話の世界を大事にしつつ，子どもの思いや言葉を受け止め返しながら読み聞かせを進める。
13：38	○「きみたちきょうからともだちだ」を歌う。 ・全員，その場に立つ。 ・実習生の動きをまねながら，一緒に歌う。 ・実習生のピアノ伴奏で動きながら再び歌う。 ・「このうたを歌いたい！」「プレゼントは折り紙がいい！」等，自分の思いを話す。	・その場に立つ。 ・子どもたちの様子を見ながら，歌詞に合った簡単なジェスチャー等を用い，実習生自身も楽しんで動きながら歌う。 ・動きながら一通り歌ったら，実習生はピアノ伴奏しながら歌う。 ・子どもたちに，年長になって「なかよし会」を開く番になったことを伝える。 ・実習生は，子どもたちの思いを受け止め返す。	・「きみたちきょうからともだちだ」の歌詞カードを準備しておく。 ・子どもたちが動きながら歌う際に，ぶつからないように配慮する。 ・実習生は，子どもたちのモデルとして，ひざを屈伸させる等してリズムにのって歌うことを大切にする。 ・わくわく感が伝わるように話す。 ・子どもたちの思いを今後の「なかよし会」へ向けた準備につなげていく。
13：44	○「たのしいね」を歌う。 ・数日前から歌っているこのうたを，音楽のリズムにのって手拍子を鳴らしながら歌う。	・実習生は，子どもたちの様子を見ながら，ピアノ伴奏する。	・「たのしいね」の歌詞カードを準備しておく。
13：47	○その場に座り，実習生の話を聞く。 ・ほめられ，うれしそうに話を聞く。 ・「たんぽぽ！」「チューリップ！」等とこたえる。	・実習生は，今日一日を振り返る。 ・子どもたちが3歳児，4歳児の世話等に積極的に取り組む姿をたくさん認めてほめる。このことを通して，5歳児としての自覚を育む。 ・明日，近くの公園に遊びに行くことを伝える。春の花について話し，公園にはどのような花が咲いているか聞く。	・子どもが興味をもって聞けるよう，ジェスチャー等を交えて話す。 ・保育室に貼ってある春の花の写真を示す。
13：52	○帰りのあいさつ ・今日の当番の子どもが，明日の当番の子どもの名前を伝える。 ・帰りのあいさつをする。	・明日の当番の子どもによろしくと伝える。	

図13-2　5歳児クラス：フローチャートの一部の指導案（帰りの会）

きた！」「楽しかった！」「喜んでもらえた！」ということを実感し，自己肯定感を高め，友だちや年下のクラスの子どもたちへの思いやりの心を育んでいく。

図13-2に，帰りの会における歌唱活動に関する指導案を示した。内容は，5歳児が年下の子どもたちを招待して行う「なかよし会」でのうたのプレゼントへ向けたものである。保育者には，単に「『なかよし会』でこのうたを歌おう！」と指導するのではなく，5歳児たちの「やりたい」という思いから「なかよし会」の準備が始まるような環境を構成することが求められる。そして，そのなかにうたに関する経験も組み込んでおく必要がある。つまり，「『なかよし会』でのみんなからのうたのプレゼントは，どのうたにしようか？」と保育者が子どもたちに問い掛けた際に，「このうたにしようよ！」「このうたを歌いたい！」という子どもからの思いが生まれるように環境を構成するのである。そうすることで，子どもたちの生き生きとしたうたの表現が生まれるのであり，子どもの思いを大切にした子ども主体による「なかよし会」の展開へとつながる。

2　教材研究

環境を通して行うことを基本とする保育・幼児教育において，「教材は子供を取り巻く環境の全て」である。したがって，就学前施設の「門を入ってから出るまでに子供が出会う全てのもの―生活や遊びのあらゆる場面で子供にとって意味のあるもの，子供がそれを通して学んでいくもの―は，教材」[8]なのだ。

8) 無藤 隆監修『イラストたっぷり やさしく読み解く 幼稚園教育要領ハンドブック』学研教育みらい，2017，p.20.

図13-1の「出会い」をテーマにしたフローチャートで，音や形に関する表現遊びを展開する部分（グレーの網掛け部分）を見てみよう。ここでは，新しい保育室との「出会い」の一環として，「施設探検」から子どもたちの周りにある様々な音や形への気付きや音や形に関する絵本の読み聞かせへとつなげている。さらにそれぞれ音や動き，造形等による総合的な表現活動へと展開する可能性を示している。このように保育・幼児教育では，「あらゆるものが教材」であるととらえることが大切であり，保育者がそれをどう活用していくかが問われる[8]。

したがって，保育者には，教材を広義の意味でとらえて，子どもの姿に応じて活用することが求められている。その際には，本章の第1節（1）において2）～4）で示した3つのポイントをふまえ教材を準備し，子どもが見てまねることができるシンプルな表現遊び等から始める。そして，少しずつ表現内容にバリエーションを加え，広げていくのであり，保育者は，子どもたちが遊び

のなかで表現に必要な技術も身に付けられるように支える。そうすることで，子どもが感じて創造的に表現する循環が生まれ，表現活動の体験が深まり，子どもの感性や創造性が育まれるのである[9]。また「自分なりに自由に表現できた！」という達成感が，子どもの自己肯定感を育み，更なる表現の意欲へとつながるのである。なにより，自由な表現を大事にした活動では，安心できる環境が大前提であることはいうまでもない。

指導案（図13-2）で示している歌唱活動における選曲にあたっては，「なかよし会」にちなんだうたで，音楽のリズムにのって歌う楽しさが感じられるもの，子どもが歌詞の内容をイメージしやすく，絵本にもなっている曲を選曲している。また，歌詞カードをつくり，保育室の壁面に貼っている。

9) Barbara Haselbach, Das Phänomen des Ausdrucks in der Ästhetischen Erziehung, *Orff-Schulwerk Information*, 70, 2003, pp.70-72.

3 模擬保育とその振り返り

図13-2の指導案に基づいて，ここでは実習と共に，保育実践も視野に入れて想定した歌唱活動に関する模擬保育を行ってみる。まず，歌唱活動にあたっては，第1節（1）において2）〜4）で示した3つのポイントにあるように，帰りの会においてクラス全体で「きみたちきょうからともだちだ」を歌う数日前から，実習生は自由遊び等の場面で，このうたをピアノで弾いたり，ピアノ伴奏しながら歌ったりして，子どもたちにうたを自然に耳になじませていくことが大切である。つまり，実習生は，子どもたちが「このうたを歌ってみたい！」と思えるよう，魅力的なモデルとして，それでいて自然に歌って聞かせるのである。その際には，子どもたちと一緒に動きながら歌ったりもする。そして，クラスの子どもたちに，このうたが耳になじんだ頃に，帰りの会で絵本『きみたちきょうからともだちだ』を取り上げ，動きながら歌うことを楽しむことへとつなげるのである。そうすることで，子どもたちは，実習生がいわゆる「先歌い」による歌唱指導をすることなく，その子なりに歌えるところから歌うことを楽しめるのである。さらに，動きながら歌うことで，歌詞が確かなものとなり，音楽のリズムにのってからだに力を入れることなく自然な姿勢で歌うことができる。動きながら歌う際には，実習生はクラス全体に目を配りながら，子どもたちのからだのなかに，このうたと動きが自然に入っていくように歌う。動きは，歌詞を連想しやすく音楽のリズムにのりやすい身振りのようなものにしたい。例えば，歌詞に合わせ，音楽のリズムにのってお辞儀をしたり，握手をしたりするような動きである。そして，動く際には，躍動感のある"振り"になるように，ひざに弾みをつけて，軽快に行うことが大切である。もちろん，実習生は事前に子どもの姿に応じて動きのモデルを考えておく必要

がある。そのうえで，自由遊びのなかで子どもたちと動きながら歌うことを通して，子どもたちの姿から動きのモデルを修正していくことが大切である。

また，帰りの会で5歳児クラスになった子どもたちに「なかよし会」を開く番になったことを伝える際には，わくわく感が伝わるように話したい。このようなことも，子どもたちの「『なかよし会』の準備をやりたい！」という思いへとつながっていくのである。この帰りの会が子どもたちの内面の世界での「なかよし会」の準備の始まりともいえる。そして，園長は，「『なかよし会』で小さい子たちに『うたのプレゼントをしよう！』という子どもたちの思いが，豊かな歌声につながるのだ」と話す。

振り返りでは，ねらいに基づき，次の点について話し合ってみるとよいだろう。帰りの会でこの内容を指導するにあたり，前提として，それまでにどのような環境づくりと援助を行ったものとして，模擬保育を行ったか。また，うたの動きはどのようなものを，どのように考えて模擬保育に臨んだか。実習生の言葉掛けや絵本の読み聞かせ，歌い方や動き方はどうだったか。さらに，今後の子どもたちの「なかよし会」の準備の進め方についても話し合ってみる。

そして，その後の歌唱活動の際には，「『きみたちきょうからともだちだ』のうたのようなお兄さん，お姉さんになれるよね。小さい子たちにやさしくしてあげられるよね」と子どもたちに問い掛ける。そうすることで，子どもたちの年長児になったという自覚と共に友だちを思いやる気持ちを育み，その思いを込めてこのうたを歌えるよう支えていきたいものである。

このように子どもたちの「やりたい！」思いを大切にし，子どもたちの「いま・ここ」の姿に応じた保育展開ができるよう，日頃から，表現遊びのレパートリーを広げ，様々なテーマのフローチャートを考えておくとよいだろう。また，活動の準備と同じくらい，模擬保育や実習の振り返りをしっかり行うことが重要である。そして，子どもたちが，表現することの心地よさ，楽しさを心から感じられるよう，寄り添い支えていくことのできる保育者を目指し，学びを深めてほしい。

演習課題

課題1：子どもの即興的表現について調べてみよう。
課題2：これまでに，あなた自身が体験した表現活動のなかで，心地よく楽しかった表現活動の内容について考えてみよう。
課題3：子どもの自由な表現を育むための具体的な手立てについて話し合ってみよう。

● 参考文献

阿部直美編著『保育で役立つ！0～5歳児の手あそび・うたあそび』ナツメ社，2016．
小田 豊監修，岡上直子・鈴木みゆき・酒井幸子編著『教育・保育実習と実習指導』光生館，2012．
音楽教材研究会編『こどものうたピアノ伴奏集 ベスト100』民衆社，2003．
こすぎ さなえ作，たちもと みちこ絵，『○△□のくにのおうさま』PHP研究所，2017．
小林美実編『続こどものうた200』チャイルド本社，1996．
五味太郎絵，新沢としひこ作詞，中川ひろたか作曲，増田裕子編曲，クニ河内監修『絵本 SONG BOOK あしたがすき』クレヨンハウス，1992．
柴田礼子『子どものためのたのしい音遊び 伝え合い，表現する力を育む』音楽之友社，2009．
たちもと みちこ『コロボックルのことばえほん おとがいっぱい』ブロンズ新社，2010．
谷川俊太郎文，和田 誠絵『ともだち』玉川大学出版部，2002．
中川ひろたか文，長谷川義史絵『きみたちきょうからともだちだ』朔北社，2005．
久住昌之作，久住卓也絵『まる・さんかく・しかく』小学館，2014．
細田淳子『子どものための108曲 自然をうたおう！』鈴木出版，1997．
細田淳子『わくわく音遊びでかんたん発表会 ～手拍子ゲームから器楽合奏まで～』鈴木出版，2006．
細田淳子編著，たごもりのりこ絵『子どもに伝えたい わらべうた 手合わせ遊び 子守うた』鈴木出版，2009．
細田淳子編著『手あそび・体あそび・わらべうたがいっぱい あそびうた大全集200』永岡書店，2013．
増田裕子『子どもとあそび傑作選 増田裕子のミュージックパネル』クレヨンハウス，1991．
皆越ようせい写真・文『ふしぎ いっぱい 写真絵本 1 ダンゴムシ みつけたよ』ポプラ社，2002．

● 参考CD

『あそびうた伝 春夏秋冬 虎の巻』キングレコード，2016．
『普段づかいの すぐに！わっともりあがる！リピート あそび ベスト』キングレコード，2018．

第13章　発達や季節をふまえて保育を構想する（4）

コラム　諸外国の音楽教育　「オルフ研究所」での学びから

「課題に取り組んだのなら，どうしてできたところまで持ってこないんだ」「最後までできていなくとも，そこまでを持ってくればいいじゃないか。できていないからといって，休むんじゃないよ」これは，筆者が留学したザルツブルグのオルフ研究所における音楽総合研究の授業で，学生が個人やグループでプロジェクトに取り組む際，教師がよく言っていたことである。また，オルフ研究所のダンステクニックの授業では，このようなこともあった。研究所に入ってからダンスを始めた筆者にとって，ダンステクニックの授業はついていくのがやっとだった。入学後3年が過ぎた頃，相変わらずダンスは下手だったが，ようやく自分なりに"踊る"ということをつかみ始めた。そのようなある日のダンステクニックの授業の際，教師が踊っている筆者の方へ向かって真っすぐ歩いてきた。そして「あなたは，踊った」と，ものすごく真剣なまなざしで伝えてくれた。

オルフ・シュールヴェルク（以下，OSWと記す）は，20世紀前半に生まれ，世界の音楽教育に影響を与え続けている教育の一つとして知られている。OSWの世界の中央機関であり教育者の養成機関として1960年代にザルツブルグに創設されたのがオルフ研究所である。以来，OSWの基礎的音楽と動きの教育の研究及びその教員養成が開始され，今日まで続いている。オルフ研究所では仲間と共に自由に表現することを通して，周りや世界に近付き，感性や創造性を豊かにし，表現力を育みながら，自分らしい生き方を見つけていくことを大事にする教育が展開されている。

オルフ研究所の授業は本当に楽しかった。自由に表現する心地よさや喜びが感じられるものであり，自分が自分でいることの大切さに気付かされた。その楽しい授業を学び手の姿に応じて，しかも「自分のやり方」で実践できる教師になるために，教師も学生同士も，ものすごく真剣に，互いと各々の表現と向き合っていた。ここでは見せかけの"テクニック"ではない，自分らしい表現が評価された。だからこそ，当時の表現に関する体験は，からだのなかに記憶として強く残っていく気がする。

保育のなかで子どもの表現を育む際にも，子どもが自由で自分らしい表現，つまり表現遊びを楽しみ，その表現が認められれば，子どもに自己肯定感が育まれる。その繰り返しのなかで，子どもが意欲的に自信をもって表現することができるようになり，「生きる力」が育まれ，自分の生き方を見つけることへとつながっていくだろう。また，子どもの自由な表現を合わせることで，アンサンブルにしたり別の表現に発展したりすることもできる。それは，まぎれもなく芸術でもあり，生きるということでもある。皆さんには，ぜひ，子どもの自由な表現を育める保育者になってほしい。

第14章 表現と評価

子どもの発達理解と保育者の指導改善の両面から評価を考える。子どもが何かを「できる」か「できない」かということを評価するのではなく，一人一人が集団のなかで，どのように育っているのかというプロセスを評価することを理解する。さらに，保育者自身も記録の振り返り等を通して指導改善を図ることが重要であることを理解する。

1 一人一人の表現をみる

　子どもは，常に歌ったり，からだを動かしながら表現している。声や歌だけでなく，そのからだやものも媒体にしながら表出している。そういった子ども一人一人の表現の姿を，保育者（幼稚園教諭・保育士・保育教諭をいう）がどう受け止めていくのか，またそれをどのように評価するかは，子どもの豊かな生活を保障する実践を問ううえで欠かせない。

　評価においては，「〜できる」か否かを提示するイバリュエーション（evaluation）と，そのプロセスをその後の展開への期待度として提示するアセスメント（assessment）がある。保育者の視点が，遊びのなかで展開される一人一人の子どもの表現と，集団への展開に向けられているのであれば，その評価は，アセスメントとして評価をとらえることが妥当だろう。では，子ども一人一人の表現力は，どのような場面で発揮されているのだろうか。ここでは，日常生活のなかに現れる子どもの姿について，ある親子と，歌でのコミュニケーションから何回も同じ表現遊びを保育者に要求する1歳児クラスの事例を通して考えてみたい。

第14章　表現と評価

（1）歌を介したやりとりからみる視点

> **事例14－1　音楽的な対話を通して（共感する）**
>
> ①　0歳児4か月～10か月
> 　母親が子どもに歌い掛ける様子が多くみられる。子どもは手足を動かしてそれに反応したり，気分のよい時は声で応答したりする。大人の歌声の良し悪しに関係なく，子どもは歌を通してコミュニケーションをとっている様子がうかがえる。0歳後半になると，母親はその反応のペースに合わせて，会話のように歌の速度を緩めたり早めたりしながら，対話的にコミュニケーションをとっている。
>
> ②　1歳児
> 　子どもは歩けるようになると，その関心が数秒単位で変わってしまう。保育者は，様々な自己探索を繰り返す子どもに合わせて，手遊びをしたり，歌の速さを変えたりして表現を引き出そうと試みるが，子どもは歌詞の一部を歌ったり，保育者が子どもの要求に応じた表現をすると「もういっかい！」と大喜びする。このような関わりは，新たな遊びを始めるきっかけになるだけでなく，「もっとやりたい！」という感情や言葉が引き出され，保育者との人間関係も一層深まっている。

　乳児研究は，子どもの声の受容能力は非常に高く，胎児期から音を聴いていること，0・1歳までは保育者からの歌い掛けと発達に関連が深いということ，また，他者に興味をもち始める頃からは音楽表現が他者との社会性やコミュニケーションを育むツールとして介在し，言語発達も促すという点で重要であるということも明らかにした。マロック（Stephen Malloch）らは，乳児と養育者の声等による音楽的なコミュニケーションには，リズムとメロディー，そして物語が含まれていることを実証している。また，乳児と養育者の間には，規則性と交互性があり，そのやりとりを音楽的に行っていることも明らかにした[1]。ニコラス・バナンも，乳児の音声学習は，自己調整のためのあくびや泣き声等の音声と，他者の歌や声を介したコミュニケーションを通して学んだ表現的な音声が，行ったり来たりしながら成長するということを螺旋状のモデルに示している[2]。事例14－1は，子どもが幼いほど一人一人とていねいに関わっていくこと，また安心できる環境が重要であることを示している。また，事例14-1-②からは「もういっかい！」という言葉によって，熱中する姿が引き出されたことが読み取れる。

　保育所保育指針では，乳幼児における受容的・応答的な関わりが重視されている。「第2章 保育の内容 1 乳幼児に関わるねらい及び内容 （2）ねらい及び内容 イ 身近な人と気持が通じ合う」の項目には，「受容的・応答的な関わ

---

1) スティーブン マロック・コルウィン トレヴァーセン，根ケ山光一ほか監訳『絆の音楽性 つながりの基盤を求めて』音楽之友社，2018，pp.4-6

2) 前掲書1），pp.450-451.

写真14−1　子どもに歌い掛ける

写真14−2　うれしくなって答える

りの下で，何かを伝えようとする意欲や身近な大人との信頼関係を育て，人と関わる力の基盤を培う[3]」と明記され，「体の動きや表情，発声等により，保育士等と気持ちを通わせようとする[3]」というような，非言語的なコミュニケーションについて具体的に述べられている。言葉がまだ未熟な乳幼児にとって，歌や絵本の様々なオノマトペ等を保育に取り入れていくことは，一人一人の表現の意欲につながる活動ともいえるのではないだろうか。

3）厚生労働省『保育所保育指針』〔第2章1（2）イ〕2017.

2　活動を振り返る

　子どもは楽しく表現活動に没頭することで健やかに成長，発達していく。保育者は，子どもの遊びを観察したり，また時には一緒に遊びながら，表現が営まれている過程をどのように振り返るべきなのだろうか。活動の振り返りは，次の保育カリキュラムを組み立てたり，小学校へのスムーズな接続にも関連する重要な課題である。

（1）生活のなかにある多様な表現を振り返る

事例14−2　自由遊び　5年保育　4歳児　4月〜2月

① 鳥の声から始まった音クイズ

　畑で遊んでいた時のこと，家族とキャンプに出掛けることの多いH児（女）が「あ，キツツキの音が聞こえる！」と言った。それをきっかけに鳥の鳴き声について，興味を持ち始めた子どもたち。「あれは，カラス」，「今のは，ハト」，夏には「クマゼミ」等，散歩に行く度に，乗り物や風の音にも，誰かがいち早く気付いて発言することがクラスの散歩の楽しみの一つになった。

② 地域のお祭りの太鼓

　七夕用の竹を切ってきた後のこと，根元の方の竹を木の枝で叩きながら，秋のお祭りの太鼓のリズムを再現しようとしているT児（男）。それを眺めていた保育者がそのリズムを習おうと向か

い合って座った。しばらくそのリズムを繰り返し教えるT児と，リズムを真似する保育者の姿があった。しばらくすると，そこへ他の子どもたちが入ってきて，太鼓のゲームを再現をし始めた。

4）吉永早苗・無藤隆監修『子どもの音感受の世界—心の耳を育む音感受教育による保育内容「表現」の探究』, 萌文書林, 2016, p.88.

日々の生活は子どもの表現したい思いをひき出す可能性にあふれている。吉永は，音を「聴く」行為自体が，子どもの遊びとなり得ると述べている[4]。事例14-2-②のように，集団のなかでは，せっかく始まったT児と保育者のやりとりは，他の子どもの介入で途切れてしまい，達成感や感動にたどり着けない場合もあるだろう。しかし，表現活動の指導の観点は，子どもの活動のプロセス（子どもがどのようなことを面白いと思っているか，子どもが何を表現したいと思っているのか）を保育者が振り返るなかで明らかになってくるだろう。

（2）実践記録の意味を考える

5）神田英雄・村山祐一『保育とは何か—その理論と実践（保育の理論と実践講座）』新日本出版社, 2009, pp.93-98.

常に「実践の振り返り」をするのは，保育者の大きな特徴だろう。発達心理学者であった神田は，日本の保育実践者自身による記録が研究目的でこれほどたくさん蓄積された国は，日本以外には存在しないだろうと述べ，これまでの保育者らが子どもの現実に密着して積み上げてきたことや研究が民主的で集団的に行われてきたことを賞賛している[5]。

事例14-3　ベテラン保育者のインタビュー

ある研究会に参加していた保育者は，歌を中心にした遊びに熱心に取り組んできた。勤務先の保育所では，ベテラン保育者として活躍している。保育者自身が取り組む地域の子育て支援や保育所でのわらべうた遊びに，「音楽的な遊び」をもっと充実させ，これまでの枠組みのなかから脱却した遊びを取り入れてみたいと思うようになったからだ。そのうち，自分自身の実践内容も省察したいということになった。そこで，音楽実践風景を録画し，省察することとなった。映像記録をもとに，わらべうた「らかんさん」を題材にした実践を評価する検討を行い，様々なとらえ方が参加者から出された。

「大人が予想していた動きに近いジェスチャーだけを拾い上げ，それ以外の動きは取り上げていなかった」「子どもに面白いジェスチャーを選ばせてはどうか？」また，「子どもの表現を派生させる役割ができるのが理想的だが…」「説明がすべての子どもに理解できているのかわからないまま展開している」等，参加者から助言を受けた。実は，本人も気付いていない部分はあった。実践省察は，思い切って人に見せることで初めて気付かされることが多い。長年，「自分は納得している」と思ってやってきた実践だったが，記録と評価の重要性を気付かされたと話す。

ベテラン保育者が自分の実践を多くの人の前に開示していくのは，勇気のいることだったはずだろう。保育に限らず，教育に携わる人々すべてにとって，自分の教える姿を振り返る作業は，専門性を伸ばすために必要不可欠であると

いうことを改めて考えさせられる。

　事例14-3では、保育のなかで配慮が足りなかったところを振り返るのではなく、面白いお話をどのように子どもたちに紹介するのか、保育者がいかに表現するのかという保育実践について、悩んだり議論したりしている。川田は、保育の評価要素を細分化し、複雑にするのではなく、「開かれた専門性」を提案している[6]。これを「保育のエコロジー」という言葉で表現している。そして保育の過程を通して子どもの個と集団がよい方向に発達するために、職員集団や保育者を含むコミュニティが期待する方向に発展していくことを最優先すべきであるとしている。活動の振り返りは、反省会という意味合いだけではなく、前向きに議論できる研究会や研修の場、新人保育者も包括して学べる雰囲気があってこそ、様々な保育観に向き合い、多くの気付きが得られる。

3　集団と個の関係をとらえる

　21世紀に入り「個を大切にする保育」として、イタリアのレッジョ・エミリア市のプロジェクト活動[*1]、ニュージーランドのテ・ファリキ[*2]も日本で頻繁に紹介されるようになった。それらは、それぞれの子どもの意見を活かしながら子どもたち自身による話し合いがあり、それを実際の行動に移して確かめていく。その過程で探求活動や表現活動があり、保育者との対話もある活動であって、子どもたちは、その結果よりも、そのプロセスからたくさんのことを学ぶ活動という共通性がある。

（1）領域を超えた学びの広がりを評価する

事例14-4　劇の始まり　5年保育 3歳児 1月

　クラスの子どもたちが大好きだった絵本『ねこのお医者さん』を劇にすることになり、配役を決めることになった。クラスの人気者であるH児（女）が、首を骨折した"キリン"の役に手をあげると、他の子どもらも同じ役になりたいと主張し始めた。"お医者さん"の役も人気で、やってみたい役に偏りが出てしまった。子どもたちに、どうしたらよいか尋ねてみると、「交代でお医者さん役をすればいい」「キリン役を親子にしたい」という意見が出てきたので、そのアイデアを採用することになった。そして保育者の提案で、しばらく配役のメンバーを変えながら、全員がいろいろな動物の患者やお医者さんの役をやってみて、もう一度自分に合う役を考えようということになった。あまり人気のなかった"クマ"役は、保育者が加わりユーモアたっ

6）川田 学「エコロジカルシステムとしての『保育』評価試論」保育学研究, 56（1）, 2018, pp.21-32.

*1　レッジョ・エミリア市のプロジェクト活動
　イタリアのレッジョ・エミリア市で実践されてきたプロジェクト活動である。これは、自分たちの関心から発生した興味のあること「主題」があり、自分で考えながら解釈について周囲（子ども、保育者、保護者を含む）と伝え合う共同的な探求活動をもつ。「ドキュメンテーション」という、子どもの探究心や学びの過程を、文字や絵だけでなく、写真や映像などの表現方法で可視化している。

*2　テ・ファリキ
(Te Whariki)
　縦横に編むというマオリ語。ニュージーランドの就学前教育指針で、先住民のマオリ語と英語で書かれている。子どもを主体的に育てていくために4つ

の原則と5つの要素をもつ。「ラーニングストーリー」という手法は，できるようになったことを記すのではなく，何に興味をもち，どのように探求したのかを保育者が観察して記述する。

ぷりにセリフを言うように心掛けることで，次第にやってみたいという子どもが少しずつ出てきた。

事例14-4において，保育者は子どもの意見を採用して，お医者さんの役を交代することで多くの子どもたちが演じられるようにした。また，キリン役も親子のセリフを新たに追加して，一人一人が表現することにより仲間を拡大するきっかけをつくっている。子どもたちが様々な役に挑戦することによって，すべてのセリフを覚えて，お互いに教え合いながら，何度も楽しむ様子が見られた。子どもたちが楽しみ過ぎてアドリブがエスカレートしてしまい，ストーリーが展開しなくて困ってしまうこともあった。人前で話す自信のない子どもは，楽器の音で舞台袖から参加しているエピソードも残している。

劇のなかで繰り返し歌われる歌は，3歳児ということもあり歌詞や音程があやふやなことも多いが，自分の知っている曲を積極的に自己表現している姿が見られた。メロディ全体を歌うことができるため，生活のなかで経験したことのある歌詞やイメージしやすい曲では，歌を自分のものとして表現するようになった。そのため，言葉や表現が一層豊かになり，劇遊びのような新しい取り組みに不安そうな様子でも，歌う活動では次第に気持ちが明るくなる様子もみられた。また，一人で歌うよりも，友だちと歌うことで，さらに面白くなっていったようだ。

写真14-3　安心感のある環境

保育者は，子どもと相談しながら個の遊びを集団の遊びへと発展させていく見通しをもちたい。また，事例の中で保育者は，なぜ「一定の基準に対する到達度」を評価するのではなく，「できる部分」を評価しながら前向きに支えていくことを大切にしているのだろうか。それは，楽しい出来事や活動を通して，次に子どもが自主的に挑戦できる可能性と関連している。保育者は，「できなかったことができるようになった」ということだけではなく，「もっとやってみたい」という，領域「表現」を超えた学びの広がりを評価している。この評価の観点は，小学校につながる「幼児期の終わりまでに育ってほしい姿」の視点からも重要といえる。

（2）幼児理解に基づいた評価

7) 文部科学省『幼稚園教育要領』〔第1章第4 4（1）〕2017.

幼稚園教育要領には，「幼児一人一人のよさや可能性などを把握し，指導の改善に生かすようにすること」[7]とある。また，幼稚園教育要領解説では「特徴的な姿や伸びつつあるものなどを把握するとともに，教師の指導が適切であ

ったかどうかを把握し，指導の改善に生かすようにすることが大切である」[8] とある。佐藤は，「省察」と「反省」は，専門家としての能力の中核を形成することと，課題を自らの責任において引き受ける活動であるということを述べている[9]。保育者は一日を多くの子どもたちと過ごしていると，子どもの表現プロセスで面白そうな出来事や困った出来事を忘れてしまうこともある。「記録」は，そのような忙しい毎日からエピソードを拾い，集団と個を正確にとらえるためのツールになるのだろう。

[8] 文部科学省『幼稚園教育要領解説』2018, pp.115.

[9] 佐藤 学『教育の方法』左右社，2017, pp.116-123.

● 演習課題

課題1：このテキストのなかで取りあげた事例から一つ選び，グループでその評価について話し合ってみよう。

課題2：自分たちの模擬保育を振り返り評価をしてみよう。

課題3：「学びの広がり」について，具体的に考えてみよう。

コラム　アメリカの保育

　アメリカのある保育園の評価の話を紹介したい。2010（平成22）年，筆者は滞在中のワシントン州シアトル市で自分の子どもを入れるための保育園を探していた。当時，日系の保育園の0歳児は26人待ちで，教会が経営する近くの保育園（無認可）も13人以上の入園待ちだと言われた。平均的な保育料も驚くほど高額で，週5日預けると，月々1,500〜1,700ドル（1ドル＝110円換算で約16万5千〜18万7千円）というものであった。平均的なアメリカの家庭では，保育料は自己負担というのが常識であった。ちょうどその年から，ワシントン州では幼児教育10か年計画という保育の質を保障するためのオバマ政策（Race to the Top）に対応するべく，ガイドラインの改定（第3期）が始まっていた。

　州の幼児教育資格管理部は，幼児の学びと発達に関するガイドラインを作成する等，保育のための様々な指針や基準を示し，就学前施設の「認可」「評価」を始めていた。できる限り「認可」された就学前施設を利用するように，また子どもに質のよい保育を受けさせる重要性も伝えようと，保護者向けにも広報活動をしていた。現在は，州独自のQuality Rating and Improvement System（QRIS）を採用しており，公費を受けている保育園には，このシステムでポイント評価を受けることが義務付けられている。

　2019（平成31）年には子ども人口の半数以上が有色人種を占めると予想されている。その移民大国アメリカは経済格差だけでなく，学習格差も深刻であり，その保育園では「小学校への接続」を言語教育で確実につなげようとしていた。保育者らは，就学前（4歳児）から，朝の会でアルファベットの歌を歌い，数字，物の名前の読み書き等，文字学習が行われ，その到達度を「評価」しなければならない。毎年変わるガイドラインと，その評価基準に対応するために苦労している様子であったが，子どもが思いっきり遊べる時間，表現する時間，からだを動かす時間を，短時間

写真14－4　表現遊びのルールを聞く子どもたち

でも何とか見いだそうと努力していた。日本にも，外国籍児の割合や経済格差が拡大しつつあるなかで，アメリカと似たような課題と向き合わなければならない時が来るかもしれない。

第15章 領域「表現」の現代的課題

　子どもの身の回りには様々な文化財がある。現代社会のなかで，子どもの豊かな表現をどのように育んでいったらよいのか，こうした文化財と関連付けながら事例を読み取り，子どもの主体的な遊びを理解する。さらに，こうした主体的な遊びを支える未来の保育者たちを対象とする，保育者養成校における表現教育の課題を考えてみたい。

1　文化と表現

　子どもは，周囲の人，ものとの関わりや，様々な経験を通して社会的，文化的な成長を遂げていく。その過程で，子どもはそれぞれに置かれた国や地域の文化的な特徴，つまり，言語的，科学的，芸術的，宗教的，技術的等，過去から受け継がれた価値や習慣，生活様式を感じ取り，学んでいく。それは，何気なく歌っているわらべうたからかもしれないし，絵本の物語を通してかもしれない。つまりは，子どもの成長と文化・社会とは切っても切れない関係にある。

　本章では，このことをふまえて，子どもがどのように文化と関わり，表現を生み出していくのかをみることで，養成課程での教育と関連付けながら現代的な課題を考えていきたい。

2　総合的な表現への広がり

（1）児童文化と子どもの自発的な表現

　子どもの身の回りには，紙芝居，人形劇，舞踊（ぶよう），子どもの歌，おもちゃ，児童図書，絵本等，様々な児童文化財がある。藤本は，子どもを「主体的に文化をつくる存在」としてとらえ，「子どもたちの文化は遊びの領域にある」という立場から，表現の形式に基づいて遊びを分類している。そこでは大きく3つ

第15章 領域「表現」の現代的課題

に分類されているが，子どもは，その3つの枠組みに止まらず，彼らの興味や関心に即して主体的に事物に関わり，新たな様式の遊びを作り出すことから，「遊び方の創造作業」を行っているとも述べている[1]。

事例15-1は，絵本を使って子どもが遊んでいる場面である。子どもが主体的に絵本と関わり，経験を生かして新しい表現を生み出している様子からは，藤本のいう「創造作業」を行う様子が読み取れるだろう。

1）藤本浩之輔『子どもの育ちを考える 遊び・自然・文化』久山社，2001，pp.16-20．

事例15-1　文化財との主体的な関わりと表現の想像　3年保育 2月

A児（3歳8か月，男）は自宅にて絵本『おにはそと』[2]を電子ピアノの譜面台に置き，セリフに合わせて即興的にピアノの音を入れている。

「黒い鎧じゃかっこわるい。銀色にしましょう」とセリフを言いながらEの音を単音で数回鳴らす。ページを次に進めて，「さあおれが…」と父鬼のセリフの冒頭を少し言いながら，中音域ドとシの音を1回ずつ優しく鳴らすが，ハッとしてすぐに低音域に手を移動させる。一層低く勇ましい声色で「さあ，おれがチビを取り返してくる！」と言いながら，最低音域を両手のひらいっぱいで押さえられるだけ押さえて勢いよく鳴らす。その後すぐに高音域に手を移動させて，やさしく「なに？」（別の登場人物のセリフ）と言い，すぐさま，次の登場人物のセリフ「1人で大丈夫！」と言いながら低音域をバンバンと叩くように弾き，更に荒々しい音を鳴らす。一旦鍵盤から手を話し，ページを進めようと絵本をめくりかけるが止め，同じページのまま，前のセリフの続き「みんなは，待っていろ」と低く勢いのある声で言うのに合わせて，低音域で2回音を叩き鳴らす。

ページを次に進め，子どもが5人と鬼が1人描かれているのを見て「わーい，鬼ごっこしよ」と言いながら，中音域の音を鳴らす。続けて，ラ音を繰り返し鳴らしながら「そーれ，ぼくが鬼だ」と言う。

写真15-1　セリフに合わせてピアノを鳴らす

2）せなけいこ『おにはそと』金の星社，2010．

A児は，日頃から保育園においてだけでなく，家庭でもしばしば保護者と一緒に歌を歌ったり遊んだりと，表現活動が豊富な環境にある。この事例は，読み慣れた『おにはそと』の一部を1人で読みながら，電子ピアノで音を付けている場面である。登場人物のセリフを言うたびに，人物ごとに異なる音を鳴らしていることから，A児の内面ではそれぞれのセリフに合った音が鳴っていることがわかる。それは，「さあ，おれがチビを取り返してくる！」という父鬼のセリフの時に，途中で一旦止めて，鳴らす音を変えて，もう一度言い直す場面からみてとれる。また，1回目に音を鳴らした時にハッとして手を移動させ，奏法も一層荒々しく変えた様子からも，1回目に鳴らした音ではイメージしていた雰囲気を表せていなかったと思い，やりなおしたことがわかる。音や

音色が適切かどうかは，絵本の内容や色づかいから判断しているのかもしれない。登場人物のキャラクターによって判断しているのかもしれない。本当のところはわからないが，ただ，A児は確かにこだわりをもって音を選び，その都度聴いて判断しているのがよく表れている。

（2）独自の表現を支える予想外の状況とこだわり

丸野・岡崎は，子どもが表現を生み出すには，自己と他者との考えや感情，価値や要求とがぶつかり合うこと[3]が重要としている。ともすれば見落としてしまいそうな，この小さなやりとりのなかで心が揺さぶられる状況が，子どもの表現を促す。

事例15-1は，A児1人で遊んでいるため，このような状況とは全く異なるように一見思われる。しかし，心が揺さぶられることと表現との関係から考えると，共通していることがわかる。たとえ1人での遊びであっても，自分の表現した音と本来イメージしているものとの違いに違和感を抱き，新たな表現を生み出している点では，他者と遊ぶ時の予想外の状況に心が揺さぶられ，表現を生み出す過程と同じ構図が読み取れるだろう。事例15-1での予想外の状況とは，意図したような音が鳴らなかった時にあたる。A児は，この予想外の状況に直面した時に奏法を工夫して新たな表現を生み出している。言い換えれば，試行錯誤しながら，より適切な技能をも発見し，身に付けているのである。A児の事例をみると，子どものなかに確かに児童文化財を通して得た様々な経験が，自分独自の表現を生み出すことにつながっていることがわかる。

このように，子どもは，それまでに経験した様々な遊びから表現の要素を蓄え，それらを駆使して新たな表現を生み出したり，主体的な遊びを展開できるようになったりしていく。こういった子どもの豊かな表現を支える保育者（幼稚園教諭・保育士・保育教諭をいう）になるために，これからの時代を見据え，どのような学習を経験しておく必要があるのだろうか。このことについては，次節で考えてみたい。

[3] 丸野俊一・子安増生編『子どもが「こころ」に気づくとき』ミネルヴァ書房，1998，pp.171-204.

3 養成校における表現教育の課題

（1）直接的体験を通した表現教育

幼稚園教育要領等，領域「表現」の「内容の取扱い」において新たに盛り込まれた2点に今後の養成校における表現教育の課題を見いだした。

1つ目は，身近な環境との関わりについて，「風の音や雨の音，身近にある

草や花の形や色など自然の中にある音，形，色などに気付くようにする」[4]というものである。子どもの表現と文化・社会とが，本来切っても切れない関係にあることは，これまでに述べたところからもわかるだろう。ところが，近年，子どもたちの生活が室内化してきているという考えの研究によると，都市の子どもよりも，自然の豊かな地域の子どもの方が，その傾向が強いのだという[5]。このことから，子どもたちの自然や環境との関わりを保障するために，保育者の意識的な働き掛けがいかに大切かがうかがえるだろう。しかしながら，今日すでに多種多様なメディア機器は保育現場での表現活動においても不可欠のものとなっている。そのため，これからは，うまくメディア機器を活用しながら，いかにして子どもの身の回りにある自然や環境との関わりを始めとした豊かな生活経験を保障し，表現意欲へとつなげられるかが課題といえるだろう。また，先述した通り，子どもの表現には，驚きや違和感，発見等が大切であるが，もし，たとえ子どもの心が揺さぶられ，何らかの表現で思いを表していたとしても，そのことに気付き，認めてくれる機会に恵まれなければ，その子どもの表現する意欲を低下させてしてしまうかもしれない。だからこそ，子どもの原体験を家庭や地域で経験する機会を今まで以上に意図的に取り入れていくことが必要である。

2つ目は，様々な素材や表現の仕方に親しむということである[4]。子どもが何かを表現したいと思った時に，使いたくなるような素材が身近にあること，そして，その素材にどのような性質があるかを知っていることは，非常に重要である。素材の性質を知っていれば，その知識を生かして，どのように使えば，どのような効果が生まれるのかを工夫することができるだろうし，その試行錯誤のなかで，また新たな発想を生むことにつながるだろう。このことをふまえて，保育者には，子どもの興味・関心をていねいに把握し，日々，環境や活動を見直し整えていくことが求められている。

（2）子どもの創造性を育む保育実践の開発

子どもの興味・関心を大切にした表現活動の展開に関する議論は以前からある。養成課程においては，子どもが「感じたことや考えたことを自分なりに表現することを通して，豊かな感性や表現する力を養い，創造性を豊かにする」[6]という表現の意義を念頭においた活動の立案が本来必要である。駒は，保育者を対象に意識調査を行い，保育者が創造的な音楽活動を狭義にとらえる傾向にあることや，また，一斉保育のなかで行いにくいと考えられる傾向にあることを指摘している[7]。このような状況を問題視して，「保育に携わる者は，幼児が他者の音を聴くことができる環境の保障と，保育者自身もこうした活動の意

4）文部科学省『幼稚園教育要領』[第2章 表現 3]，2017.

5）前掲書1），p.12.

6）文部科学省『幼稚園教育要領』[第2章 表現]，2017.

7）駒久美子「幼稚園における創造的な音楽活動に対する保育者の意識―保育者を対象とした質問紙調査の分析を通して―」音楽教育研究ジャーナル，第33号，東京芸術大学音楽教育学研究会，2010，pp.1-4.

味や，連続性を意識してとらえるまなざしをもつことが不可欠」[8]といった視点から，様々な活動の提案がなされてきている。

また麓は，子どもの表現を支えられる保育者養成を目指して，音楽表現と造形表現の創作プロセスの類似性に着目し，学生が音楽を生み出せるようになることの重要性を強調し，遊びの開発を行っている[9]。そこでは，遊びを開発するうえで必要な点として，いかなる表現をしたとしても間違いにならないような創作活動を展開することをあげている。つまり，一見文脈から逸脱しているような音を出したり，予想外な音量，音色を出したりしても，それらを肯定して，適切に作品に位置付けられ，さらには他者が次にどのような表現をしようか考えるきっかけにもなるような活動である。このように，独自の表現の創造を支え，引き出すような遊びの開発が近年増えてきているものの，広く根付いているとは言い難く，保育者養成における創造的な授業開発の一層の発展が急務だろう。

もう1つの視点として，保育を学ぶ学生の立場から考えると，まずは表現することを楽しみ，子どもの視点に立って遊びの重要性を学ぶことと同時に，活動を振り返り，学びを深めることが大切である。つまり，自ら表現者となり，子どもの視点に立つだけでなく，保育者の視点から，いかなる技術を習得するべきかにも意識的でなければならない。子どもが新たな表現を生み出すには，発見や驚き等の心が揺さぶられるような状況が鍵となる。このような子どもの心を揺さぶられる表現を支え，表現を楽しめる工夫や言葉掛け，環境づくり等を考え，活動時あるいは活動後に振り返り，模擬保育の経験に生かすことの繰り返しが重要ではないだろうか。この一連の流れが養成校において計画的に実行されることにより，学生たちが見通しをもって保育計画を立案できるようになっていくのだろう。

（3）特別な配慮を必要とする子どもと表現

また，近年，特別な配慮を必要とする子どもへの対応について，それぞれの事情，状況に応じて判断することがますます求められている。子どもたち一人一人が安心して自己を発揮できるよう配慮する等，個々の子どもの実態に応じて，指導内容や指導方法を工夫しなければならない。障害のある子どもとの表現活動を考える時に，子ども集団の在り方をどのように考えるべきか，保育者は悩むかもしれない。小川は，子どもが「その集団の中で安心して落ち着いて生活できること，自分自身をしっかりと出せる」[10]かどうかが重要な判断の基準になるという。例えば，集団行動が苦手，大きな音が苦手といった障害の特性をもつ子どもにとっては，じっくりと関われる介助員や静かな環境が保持

8）駒久美子「幼児が音を聴くこと・幼児の音を聴くこと－幼稚園における即興的音楽活動に着目して－」幼児教育学研究，第19号，2012，pp.9-15.

9）麓 洋介「『音楽を生み出す遊び』の開発」全国大学音楽教育学会研究紀要，第29号，2018，pp.11-20.

10）小川英彦編『幼児期・学齢期に発達障害のある子どもを支援する－豊かな保育と教育の創造をめざして』ミネルヴァ書房，2009，pp.29-30.

第15章 領域「表現」の現代的課題

される場を考えることも必要だろう。海外から帰国した子どもや生活に必要な日本語の習得に困難のある子どもについては，すぐには日本語や日本の文化になじめない場合が考えられることから，子どもが暮らしていた国の言語や文化習慣への理解を深める必要があるだろう。この点に関しては，まずは，様々な国における児童文化への造詣を深めることが有効だろうし，各国の文化に基づいた遊びの展開を工夫するのもよいだろう。状況に応じてその都度適切に工夫することが必要だが，生育環境の異なる子ども一人一人の感じ方に寄り添い，あるいは生育環境の異なる子どもたちだからこそ生まれてくる表現に着目することが大切である。豊かな感性を育む立場から子どもの表現をとらえ，伸ばしていくための視点や技能を身に付けていけるような，養成校での学習が求められている。

●演習課題

課題1：「表現」に関わる授業や，フィールドワークや実習等で，表現活動を観察し，課題を見いだしてみよう。

課題2：写真15-2は，ある養成校において「サウンドマップ*」から着想を得た活動を行った時の作品（一部）である。大学の敷地内の任意の場所に数分間身を置いて目を閉じ，その場で聴こえる音を手のひら大の1枚のカードに描くというものである。更にグループに分かれて，他者の作品を1人1枚配り，楽譜に見立てて，描かれている全体の印象を話し合ったり要素を解釈したりして，楽器を使って音の作品にする活動を行った。このように，任意の絵画や絵本，歌等に基づいて，音楽，造形，からだ等を含んだ総合的な表現活動への展開案を考えてみよう。

＊**サウンドマップ**：音楽の演奏だけでなく，自然の音や都市の音，人工的な電子音等，世の中のあらゆる音を一つの風景としてとらえ，その音を自分なりに絵図で表現すること。

課題3：外国の子どもの遊びや歌を調べて，友だちと紹介し合おう。

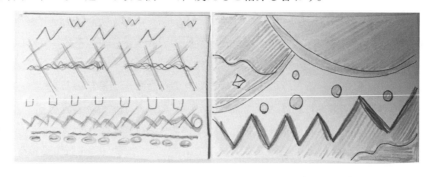

写真15-2　学生の作成したサウンドマップの例

●**参考文献**

今川恭子・志尾一成・宇佐美明子『子どもの表現を見る，育てる―音楽と造形の視点から―』文化書房博文社，2005．

今川恭子監修『音楽を学ぶということ―これから音楽を教える・学ぶ人のために―（幼稚園教諭・保育士・小学校教諭養成課程用）』，教育芸術社，2016．

ロゴフ バーバラ，當眞千賀子訳『文化的営みとしての発達―個人，世代，コミュニティ―』新曜社，2008．

外林大作ら編『心理学辞典』誠信書房，2014．

無藤 隆代表『幼稚園教諭養成課程をどう構成するか―モデルカリキュラムに基づく提案―』萌文書林，2017．

コラム　森の幼稚園

　近年，ヨーロッパをはじめ多くの国々で「森の幼稚園」が注目されている。ここではドイツの「森の幼稚園」について紹介したい。

　森の幼稚園とは，日常の保育を森や林，草原等で行っている園である。スカンジナビア（ヨーロッパ北部に位置する地域）で19世紀の自然教育運動を発端として，1954年にデンマーク，1964年にドイツで私立園，1993年にドイツで公立園が設立された。ドイツには現在1,500園以上あり，各園の子どもは15〜20名，保育者は1〜2名（自然教育の有資格者を含む）である。

　ドイツ南西部，フランスとスイスの国境から20kmに位置する都市，フライブルクにある「森の幼稚園」は1996年に開園した。子ども（15名），保育者（2名），年間教育実習生（1名）がおり，どのような天候であっても基本的に森や原っぱで過ごしており，コンテナ（写真15-3）を避難場所として使っている。「森の幼稚園」ではいくつかのルール（きのこは食べない，保育者が見えないところには行かない等）はあるものの，子どもたちは森や原っぱで自由に過ごしている。フライブルクの「森の幼稚園」が使用している森には，子どもたちの遊び場（拠点）がいくつかあり，急な崖，火を使う場所，太い木の枝で作られた鳥の巣のような家等，子どもたちとの話し合いによって遊び場を選ぶ日もある。毎週水曜日には遠足として市内へ路面電車等で出かけ，市立図書館，市場，パン屋，保護者の職場（裁判所，工房等）を訪問，在園児の自宅で調理をすることもある。例えば，秋には森

写真15-3　森の幼稚園の移動式コンテナ

に落ちているリンゴを集めて，園児宅でリンゴケーキ，リンゴのムース等，数週に渡って1品目ずつ調理をする。このように保護者もまた，「森の幼稚園」の保育に参加しているのである。

　保育時間は7時45分〜13時45分，保育料は月130ユーロ（約1万6,200円，2019年1月時点），保護者と保育者が話し合う機会を年2回実施し，ワインを飲みながら園行事や運営について話し合いを行う。誕生日を迎える子どもの保護者が保育者と相談して，子どもたちが楽しめる企画を用意し，木の枝にパンのネタをからませ，焼き上げるパン焼き等を行っている。

　森は市所有であり，私有地に育てられている果物（リンゴ，ブドウ，木イチゴ等）は常識の範囲内で食べ，養蜂家，乗馬，小学生の森の教室，キノコ収集家，ワイン農家，林務官等が森に出入りし，多くの人たちが「森の幼稚園」の周りで生活を営んでいる。

　このような「森の幼稚園」がドイツで増えた理由には，1960年代から広まったドイツの環境保護運動が背景にある。酸性雨による被害を受けた黒い森（シュヴァルツバルト）が近くにあるため，市民の自然保護への関心が高く，積極的なリサイクル，脱原発運動等に家族で取り組む傾向がある。休日も森を散歩することを好むドイツ人にとって，「森の幼稚園」の保育理念と保護者のライフスタイルが似ているといえるだろう。

資料1　本文で扱った子どもの表現活動につながる児童文化

絵本・紙芝居・お話

年　齢	タイトル	さ　く	え・写真	出版社	発行年
0・1歳	くっついた	三浦太郎	三浦太郎	こぐま社	2005
	じゃあじゃあびりびり　改訂	まついのりこ	まついのりこ	偕成社	2001
	ごぶごぶ　ごぼごぼ	駒形克己	駒形克己	福音館書店	1997
2　歳	こねこのしろちゃん	堀尾青史	和歌山静子	童心社	1983
	どうぶつのおやこ	薮内正幸	薮内正幸	福音館書店	1966
3・4歳	キュッパのはくぶつかん	オーシル・カンスタ・ヨンセン ひだにれいこ 訳	オーシル・カンスタ・ヨンセン	福音館書店	2012
	ぞうくんのあめふりさんぽ	なかのひろたか	なかのひろたか	福音館書店	2006
	くれよんのくろくん	なかやみわ	なかやみわ	童心社	2001
	ふくろうのそめものや	日本民話	山口マオ	鈴木出版	2001
	にじをつくったのだあれ？	ベティ・アン・シュワルツ 鈴木ユリイカ 文	ドナ・ターナー	世界文化社	2002
	あおくんときいろちゃん	レオ・レオーニ 藤田圭雄 訳	レオ・レオーニ	至光社	1967
	ひよこちゃんのこんなになっちゃった	阿部　恵	あさいかなえ	メイト	2007
5　歳	○△□のくにのおうさま	こすぎさなえ	たちもとみちこ	PHP研究所	2017
	『コロボックルのことばえほん　おとがいっぱい』	たちもとみちこ	たちもとみちこ	ブロンズ新社	2010
	ともだち	谷川俊太郎	和田　誠	玉川大学出版部	2002
	きみたちきょうからともだちだ	中川ひろたか	長谷川義史	朔北社	2005
	まる・さんかく・しかく	久住昌之	久住卓也	小学館	2014
	ふしぎいっぱい 写真絵本1 ダンゴムシ　みつけたよ	皆越ようせい	皆越ようせい	ポプラ社	2002

絵本例1　ごぶごぶ ごぼごぼ
駒形克己 さく，福音館書店，1997．

絵本例2　くれよんのくろくん
なかや みわ さく・え，童心社，2001．

資　料

歌・手遊び

年　齢	タイトル	作　詞	作　曲	種　類
0・1歳	フランスパン			手遊び
	シャボン玉	野口雨情	中山晋平	うた
	赤ちゃん花火	若井万友美	若井万友美	うた
2　歳	はたらくくるま	伊藤アキラ	越部信義	うた
	まんまるさん	古宇田亮順	古宇田亮順	パネルシアター
	ぞうさん	まどみちお	團伊玖磨	うた
3・4歳	どんないろがすき	坂田 修	坂田 修	うた
	おはようクレヨン	谷山浩子	谷山浩子	うた
5　歳	おはよう	新沢としひこ	中川ひろたか	うた
	なにかがはじまる朝	小沢かづと	小沢かづと	うた
	たんぽぽ　ぽ	阪田寛夫	湯山 昭	うた
	きみたちきょうからともだちだ	中川ひろたか	中川ひろたか	うた
	ともだちになるために	新沢としひこ	中川ひろたか	うた
	お誕生月なかま	奥野正恭	奥野正恭	遊びうた
	たのしいね	山内佳鶴子	寺島尚彦	うた
	まる・さんかく・しかく	久住昌之	久住昌之	うた
	キャベツのなかから	不　詳	不　詳	手遊び
	ともタッチ	平田明子	増田裕子	遊びうた
	あなたのおなまえは	不詳	インドネシア民謡	遊びうた
	ボールがとんできて	増田裕子	増田裕子	パネルシアター
	たんぽぽ たんぽぽ			わらべうた
	どんぶかっか			わらべうた
	ついだついだ			わらべうた

資料2　子どもの発達からみる遊びの一例

年齢・遊び	感覚遊び	運動遊び	模倣遊び	構成遊び
0歳児	タオル地やシフォン等の布をさわって感触を楽しむ			
	握りやすい棒や輪の布おもちゃを握ることを楽しむ	転がるボールを追いかけて這うことを楽しむ		
	玩具（ガラガラなど）を鳴らして遊ぶ	積んである紙コップやプラカップを崩して遊ぶ		
	保育者とふれあい遊びを楽しむ	伝い歩きする子どものペースに合わせて追いかけっこを楽しむ		
1歳児	新聞紙を破って，その感触や音の響き，紙が舞う様子を楽しむ	押し車を押して歩くことを楽しむ		
	絵本や紙をめくること，めくる感覚を楽しむ	音楽に合わせて体を揺らしたり，動きを取り入れた遊びを楽しむ	「はい，どうぞ」「ありがとう」という会話と共に，ものを繰り返し渡すことを楽しむ	
	プラカップに水を入れたり，ペットボトルや蓋に穴をあけたものを用意して，水に触れることを楽しむ	風船を使ってキャッチボールを楽しむ	保育者の日常の動きを模倣する	
	小麦粉の入った風船や，あずきの入った布袋などの感触の異なる手作りおもちゃを楽しむ	でんぐり返しを繰り返すことを楽しむ	人形を子どもに見立てお世話をする	
	スコップやプラカップで砂をすくったり，触ったりして遊ぶ	大人のからだにぶら下がることを楽しむ	一人でなりきり遊びを楽しむ	点や線などを描いて遊ぶ
2歳児	指や手のひら，足裏に，絵の具をつけてスタンプ遊びを楽しむ	音楽に合わせて，楽器を叩いてリズムを楽しむ	積み木や身近なものの形から見立て遊びを楽しむ	ブロックや積み木を積んだり並べたりして遊ぶ
	折り紙を破く感触や音，様々な色を楽しむ	フープの輪やゴムひもくぐりを楽しむ	ぬいぐるみや人形を使ってごっこ遊びを楽しむ	簡単な折り紙を楽しむ
	ティッシュペーパーを箱から引き出す面白さを味わう	目的地を折り返して走ることを楽しむ	動物の特徴的な動きを真似て遊ぶ	手の動きに応じて描く線の面白さを味わう
	片栗粉や小麦粉に水を入れ，ツルツルやトロリとした感触を味わう	鉄棒やジャングルジムにつかまり，ぶら下がって遊ぶ	身近なものを使って食事場面のごっこ遊びを楽しむ	柔らかい粘土に指で穴を開けたり，握ったりして形の変化を楽しむ
	新聞紙やトイレットペーパーをちぎって，糊を混ぜ，紙粘土をつくる過程の感触の変化を味わう	台の上からジャンプして飛び降りる楽しさを味わう		色や形，絵の異なるシール貼りを楽しむ

資　料

年齢・遊び	感覚遊び	運動遊び	模倣遊び	構成遊び
3歳児	砂場で砂，泥等，様々な感触を楽しみながらケーキやお団子をつくって遊ぶ	紙を丸めてボールを作って，転がしたり，投げたりすることを楽しむ	動物の特徴ある動きや鳴き声を使った歌やゲームを楽しむ	折り紙を楽しむ
	石鹸水をつくって泡の感触を楽しむ	巧技台や平均台に乗ったり，歩いたりしてバランスをとることを楽しむ	鏡に映った自分と会話を楽しむ	じゃんけんを取り入れた歌やゲームを楽しむ
	寒天を触ったり，ちぎったりしながら感触を味わう	縄をまたいだり，一人で前跳びをしたりして楽しむ	友だちと一緒にごっこ遊びを楽しむ	紙テープを使ってはさみの1回切りを繰り返し，ふくらませたビニール袋に入れて，音と色を楽しむ
			自分の影から，体の形や動きの面白さを味わう	糊を使って紙を貼って絵を構成することを楽しむ
			保育者を真似て言葉遊びを楽しむ	筆やローラー等，用具を使って描くことを楽しむ
4歳児	水風船に絵の具を付けてスタンプ遊びを楽しむ	線の上を歩いたり，片足で立ったり跳んだりしてバランス遊びを楽しむ	店員とお客のように役割になりきってお店屋さんごっこを楽しむ	ペットボトルや牛乳パック等を使って，手づくりの楽器をつくって遊ぶことを楽しむ
		後ろ跳び，前交差跳び等縄跳びを楽しむ		色や形を意識して並べたり整えたりして構成することを楽しむ
		支えてもらいながら後転や側転を楽しむ		知っているお話をもとに，人形やペープサートを使って表現することを楽しむ
		開脚しながら跳び箱を跳ぶことを楽しむ		ルールのある遊びをアレンジして自分たちでルールを決めて遊ぶ
				双眼鏡をつくって園内を探検し，園内マップをつくって遊ぶ
5歳児	スライムづくりから，混色したり，膨らませたり形状の変化を楽しむ	大縄跳びを友だちと楽しむ	ごっこ遊びやお芝居に必要な小道具や衣装，音楽を工夫して遊ぶ	回文をつくって遊ぶ
	身近なものや自然物の音を聞いて，音あてクイズを楽しむ	箸を使ってつまむことを楽しむ	一人で2役，3役のごっこ遊びを楽しむ	友だちと手遊びや早口言葉を楽しむ
				絵本から自分なりのセリフや動き，小道具等を考えて，劇遊びを楽しむ
				楽器や声の調和を楽しみ，協同することの面白さを味わう
				はさみで曲線を切ったり，のこぎりや金づちを使ったりして，制作を楽しむ

参考文献）前橋 明監修『保育の運動あそび450』新星出版社，2017，山下俊郎『幼児心理学』朝倉書店，1971．

資料3　幼稚園教育要領，保育所保育指針，幼保連携型認定こども園教育・保育要領「表現」に関わる部分の抜粋

幼稚園教育要領（平成29年告示）

表　現
〔感じたことや考えたことを自分なりに表現することを通して，豊かな感性や表現する力を養い，創造性を豊かにする。〕

1　ねらい
(1)　いろいろなものの美しさなどに対する豊かな感性をもつ。
(2)　感じたことや考えたことを自分なりに表現して楽しむ。
(3)　生活の中でイメージを豊かにし，様々な表現を楽しむ。

2　内　容
(1)　生活の中で様々な音，形，色，手触り，動きなどに気付いたり，感じたりするなどして楽しむ。
(2)　生活の中で美しいものや心を動かす出来事に触れ，イメージを豊かにする。
(3)　様々な出来事の中で，感動したことを伝え合う楽しさを味わう。
(4)　感じたこと，考えたことなどを音や動きなどで表現したり，自由にかいたり，つくったりなどする。
(5)　いろいろな素材に親しみ，工夫して遊ぶ。
(6)　音楽に親しみ，歌を歌ったり，簡単なリズム楽器を使ったりなどする楽しさを味わう。
(7)　かいたり，つくったりすることを楽しみ，遊びに使ったり，飾ったりなどする。
(8)　自分のイメージを動きや言葉などで表現したり，演じて遊んだりするなどの楽しさを味わう。

3　内容の取扱い
上記の取扱いに当たっては，次の事項に留意する必要がある。
(1)　豊かな感性は，身近な環境と十分に関わる中で美しいもの，優れたもの，心を動かす出来事などに出会い，そこから得た感動を他の幼児や教師と共有し，様々に表現することなどを通して養われるようにすること。その際，風の音や雨の音，身近にある草や花の形や色など自然の中にある音，形，色などに気付くようにすること。
(2)　幼児の自己表現は素朴な形で行われることが多いので，教師はそのような表現を受容し，幼児自身の表現しようとする意欲を受け止めて，幼児が生活の中で幼児らしい様々な表現を楽しむことができるようにすること。
(3)　生活経験や発達に応じ，自ら様々な表現を楽しみ，表現する意欲を十分に発揮させることができるように，遊具や用具などを整えたり，様々な素材や表現の仕方に親しんだり，他の幼児の表現に触れられるよう配慮したりし，表現する過程を大切にして自己表現を楽しめるように工夫すること。

保育所保育指針（平成29年告示）

2　1歳以上3歳未満児の保育に関わるねらい及び内容
　オ　表　現
感じたことや考えたことを自分なりに表現することを通して，豊かな感性や表現する力を養い，

創造性を豊かにする。

　（ア）　ねらい
①　身体の諸感覚の経験を豊かにし，様々な感覚を味わう。
②　感じたことや考えたことなどを自分なりに表現しようとする。
③　生活や遊びの様々な体験を通して，イメージや感性が豊かになる。

　（イ）　内　容
①　水，砂，土，紙，粘土など様々な素材に触れて楽しむ。
②　音楽，リズムやそれに合わせた体の動きを楽しむ。
③　生活の中で様々な音，形，色，手触り，動き，味，香りなどに気付いたり，感じたりして楽しむ。
④　歌を歌ったり，簡単な手遊びや全身を使う遊びを楽しんだりする。
⑤　保育士等からの話や，生活や遊びの中での出来事を通して，イメージを豊かにする。
⑥　生活や遊びの中で，興味のあることや経験したことなどを自分なりに表現する。

　（ウ）　内容の取扱い
上記の取扱いに当たっては，次の事項に留意する必要がある。
①　子どもの表現は，遊びや生活の様々な場面で表出されているものであることから，それらを積極的に受け止め，様々な表現の仕方や感性を豊かにする経験となるようにすること。
②　子どもが試行錯誤しながら様々な表現を楽しむことや，自分の力でやり遂げる充実感などに気付くよう，温かく見守るとともに，適切に援助を行うようにすること。
③　様々な感情の表現等を通じて，子どもが自分の感情や気持ちに気付くようになる時期であることに鑑み，受容的な関わりの中で自信

をもって表現をすることや，諦めずに続けた後の達成感等を感じられるような経験が蓄積されるようにすること。
④　身近な自然や身の回りの事物に関わる中で，発見や心が動く経験が得られるよう，諸感覚を働かせることを楽しむ遊びや素材を用意するなど保育の環境を整えること。

3　3歳以上児の保育に関するねらい及び内容
オ　表　現
感じたことや考えたことを自分なりに表現することを通して，豊かな感性や表現する力を養い，創造性を豊かにする。

　（ア）　ねらい
①　いろいろなものの美しさなどに対する豊かな感性をもつ。
②　感じたことや考えたことを自分なりに表現して楽しむ。
③　生活の中でイメージを豊かにし，様々な表現を楽しむ。

　（イ）　内　容
①　生活の中で様々な音，形，色，手触り，動きなどに気付いたり，感じたりするなどして楽しむ。
②　生活の中で美しいものや心を動かす出来事に触れ，イメージを豊かにする。
③　様々な出来事の中で，感動したことを伝え合う楽しさを味わう。
④　感じたこと，考えたことなどを音や動きなどで表現したり，自由にかいたり，つくったりなどする。
⑤　いろいろな素材に親しみ，工夫して遊ぶ。
⑥　音楽に親しみ，歌を歌ったり，簡単なリズム楽器を使ったりなどする楽しさを味わう。
⑦　かいたり，つくったりすることを楽しみ，遊びに使ったり，飾ったりなどする。
⑧　自分のイメージを動きや言葉などで表現したり，演じて遊んだりするなどの楽しさを味

わう。

（ウ）　内容の取扱い

上記の取扱いに当たっては，次の事項に留意する必要がある。

① 豊かな感性は，身近な環境と十分に関わる中で美しいもの，優れたもの，心を動かす出来事などに出会い，そこから得た感動を他の子どもや保育士等と共有し，様々に表現することなどを通して養われるようにすること。その際，風の音や雨の音，身近にある草や花の形や色など自然の中にある音，形，色などに気付くようにすること。

② 子どもの自己表現は素朴な形で行われることが多いので，保育士等はそのような表現を受容し，子ども自身の表現しようとする意欲を受け止めて，子どもが生活の中で子どもらしい様々な表現を楽しむことができるようにすること。

③ 生活経験や発達に応じ，自ら様々な表現を楽しみ，表現する意欲を十分に発揮させることができるように，遊具や用具などを整えたり，様々な素材や表現の仕方に親しんだり，他の子どもの表現に触れられるよう配慮したりし，表現する過程を大切にして自己表現を楽しめるように工夫すること。

幼保連携型認定こども園教育・保育要領（平成29年告示）

第2　満1歳以上満3歳未満の園児の保育に関するねらい及び内容

表　現

〔感じたことや考えたことを自分なりに表現することを通して，豊かな感性や表現する力を養い，創造性を豊かにする。〕

1　ねらい

(1) 身体の諸感覚の経験を豊かにし，様々な感覚を味わう。

(2) 感じたことや考えたことなどを自分なりに表現しようとする。

(3) 生活や遊びの様々な体験を通して，イメージや感性が豊かになる。

2　内　容

(1) 水，砂，土，紙，粘土など様々な素材に触れて楽しむ。

(2) 音楽，リズムやそれに合わせた体の動きを楽しむ。

(3) 生活の中で様々な音，形，色，手触り，動き，味，香りなどに気付いたり，感じたりして楽しむ。

(4) 歌を歌ったり，簡単な手遊びや全身を使う遊びを楽しんだりする。

(5) 保育教諭等からの話や，生活や遊びの中での出来事を通して，イメージを豊かにする。

(6) 生活や遊びの中で，興味のあることや経験したことなどを自分なりに表現する。

3　内容の取扱い

上記の取扱いに当たっては，次の事項に留意する必要がある。

(1) 園児の表現は，遊びや生活の様々な場面で表出されているものであることから，それらを積極的に受け止め，様々な表現の仕方や感性を豊かにする経験となるようにすること。

(2) 園児が試行錯誤しながら様々な表現を楽しむことや，自分の力でやり遂げる充実感などに気付くよう，温かく見守るとともに，適切に援助を行うようにすること。

(3) 様々な感情の表現等を通じて，園児が自分の感情や気持ちに気付くようになる時期であることに鑑み，受容的な関わりの中で自信をもって表現をすることや，諦めずに続けた後の達成感等を感じられるような経験が蓄積されるようにすること。

(4) 身近な自然や身の回りの事物に関わる中で，発見や心が動く経験が得られるよう，諸感覚を働かせることを楽しむ遊びや素材を用

資　料

意するなど保育の環境を整えること。

第3　満3歳以上の園児の教育及び保育に関するねらい及び内容

表　現

〔感じたことや考えたことを自分なりに表現することを通して，豊かな感性や表現する力を養い，創造性を豊かにする。〕

1　ねらい
(1) いろいろなものの美しさなどに対する豊かな感性をもつ。
(2) 感じたことや考えたことを自分なりに表現して楽しむ。
(3) 生活の中でイメージを豊かにし，様々な表現を楽しむ。

2　内　容
(1) 生活の中で様々な音，形，色，手触り，動きなどに気付いたり，感じたりするなどして楽しむ。
(2) 生活の中で美しいものや心を動かす出来事に触れ，イメージを豊かにする。
(3) 様々な出来事の中で，感動したことを伝え合う楽しさを味わう。
(4) 感じたこと，考えたことなどを音や動きなどで表現したり，自由にかいたり，つくったりなどする。
(5) いろいろな素材に親しみ，工夫して遊ぶ。
(6) 音楽に親しみ，歌を歌ったり，簡単なリズム楽器を使ったりなどする楽しさを味わう。
(7) かいたり，つくったりすることを楽しみ，遊びに使ったり，飾ったりなどする。
(8) 自分のイメージを動きや言葉などで表現したり，演じて遊んだりするなどの楽しさを味わう。

3　内容の取扱い
上記の取扱いに当たっては，次の事項に留意する必要がある。
(1) 豊かな感性は，身近な環境と十分に関わる中で美しいもの，優れたもの，心を動かす出来事などに出会い，そこから得た感動を他の園児や保育教諭等と共有し，様々に表現することなどを通して養われるようにすること。その際，風の音や雨の音，身近にある草や花の形や色など自然の中にある音，形，色などに気付くようにすること。
(2) 幼児期の自己表現は素朴な形で行われることが多いので，保育教諭等はそのような表現を受容し，園児自身の表現しようとする意欲を受け止めて，園児が生活の中で園児らしい様々な表現を楽しむことができるようにすること。
(3) 生活経験や発達に応じ，自ら様々な表現を楽しみ，表現する意欲を十分に発揮させることができるように，遊具や用具などを整えたり，様々な素材や表現の仕方に親しんだり，他の園児の表現に触れられるよう配慮したりし，表現する過程を大切にして自己表現を楽しめるように工夫すること。

索 引

あ 行

- アセスメント …………………………… 123
- 遊び方の創造作業 ……………………… 132
- 遊びの開発 ……………………………… 135
- 遊びの循環 ………………………… 51, 54
- 遊びの連続性 …………………………… 83
- 遊びは共通する ………………………… 45
- 新しい文化 ……………………………… 80
- アニメーション化 ……………………… 73
- 安心できる環境 ………………………… 119
- 1歳以上3歳未満児の領域「表現」 …… 4
- 異年齢との交流活動の意義 …………… 20
- 異年齢の子ども ………………………… 19
- 意欲の芽生え …………………………… 18
- インクルーシブ教育 …………………… 41
- インターメディア性 …………………… 69
- 動きの組み合わせ ……………………… 38
- 音楽遊び ………………………………… 49

か 行

- 架空の世界 ……………………………… 48
- 学習全般の素地 ………………………… 25
- （表現の）可視化 ……………………… 52
- 可塑性 …………………………………… 62
- 各国の文化に基づいた遊びの展開 …… 136
- 活動空間 ………………………………… 112
- 活動に対する達成感 …………………… 42
- 活動の継続性 …………………………… 104
- 活動のプロセス ………………………… 126
- 活動の連続性 …………………………… 106
- 家庭との連携 …………………………… 103
- 紙の特性 ………………………………… 61
- からだの移動をともなった動き ……… 37
- からだのバランスをとる動き ………… 36
- 環境構成を工夫 ………………………… 12
- 環境づくり ……………………………… 120
- 感触遊び ………………………………… 88
- 感性の育ち ……………………………… 57
- 教材研究のヒント ……………………… 63
- 共　振 …………………………………… 13
- 協同課程 ………………………………… 80
- 協同性 …………………………………… 23
- 協同注意 ………………………………… 80
- 共　有 …………………………………… 13
- 空　間 …………………………………… 30
- 空間を構成するこども ………………… 31
- 偶発的なプロセス ……………………… 66
- 劇遊び ……………………………… 47, 48
- 健康な心と体 …………………………… 23
- 巧緻性 …………………………………… 93
- コーナーを設定 ………………………… 94
- ごっこ遊び ……………………………… 47
- 子ども集団 ……………………………… 75
- 子ども主体の対話 ……………………… 77
- 子どもの想像力 ………………………… 32
- 5領域の内容が結実 …………………… 24

さ 行

- 3歳以上児の領域「表現」 ……………… 4

索　引

自我の芽え……………………………93
時間と場の保障………………………113
色彩嗜好………………………………102
自己肯定感……………………………113
実際はそこにはないもの……………32
実践の振り返り………………………126
自分なりに表す…………………………18
集団的創造性…………………………82
柔軟な発想力…………………………64
主体性……………………………………50
主体的な表現力………………………61
主体的に文化をつくる存在…………131
受容的・応答的な関わり……………124
障害の特性……………………………135
小学校教育へ接続する姿……………21
小学校の教科……………………………25
省　察…………………………………128
少人数での表現活動…………………95
承認欲求…………………………………76
情報機器…………………………67, 70
自立心……………………………………22
身体表現…………………………………56
数量や図形，標識や文字などへの関心・
　感覚……………………………………24
生活経験と表現…………………………60
制　約……………………………………78
0・1歳児の表現活動…………………84
センス・オブ・ワンダー………………59
造形遊び…………………………………51
総合的な表現活動……………………118
創造的表現………………………………39
想像を広げる……………………………39
双方向的な活動…………………………68
素　材……………………………………58
素材遊び…………………………………97
素材との対話……………………………66
素材の感触………………………………85
育ちの連続………………………………11

即興的な身体表現………………………72

た　行

達成感を味わうための限定…………114
多様な遊び………………………………53
多様な動き………………………………35
他領域との関わり………………………6
誰もが表現者……………………………67
違いを受け入れる………………………43
直接的体験……………………………133
直接的な経験の補完……………………71
テ・ファリキ…………………………127
手づくりの保育教材…………………101
透明素材…………………………………62
共に学ぶ…………………………………41

な　行

なりきる…………………………………53
2歳児の発達段階………………………93
2歳児の保育環境………………………94
乳児の保育内容…………………………3
ねらい及び内容…………………………1
粘　土……………………………………62

は　行

発達の連続性…………………………106
パペットシアター………………………52
反　省…………………………………128
非言語的なコミュニケーション……125
描画発達…………………………………46
表　現…………………………10, 68
表現したい思い…………………………36
表現する意欲……………………17, 50
表現の共有………………………………14
表現の循環………………………………44
表現の即時性……………………………72
表現の種…………………………………54
表現を育てる……………………………8

148

表　出	10, 69
開かれた専門性	127
文化の生成	15
文化を尊重し合う	42
保育者の感性	96
保育者の言葉掛け	19
保育者のモデルの提示	114
保育者の役割	11
保育者の連携	111
保育者を媒介	14
保育の専門性	83
保育の連続性	106
保育を記録する	26
保育を構想する力	110

ま 行

眼差し	30
学びの広がりを評価	128
学びの連続性	25
見立てる遊び	94
3つの視点	84
身の回りにある様々なもの	58
メディア	68
メディア固有の身体性	71
木　育	63
物　語	28
物語のなかに流れる時間	29
模倣表現	38

や 行

豊かな感性と表現	23
幼児期の終わりまでに育ってほしい姿	5, 21
幼児教育で育みたい資質・能力	2
予想外の状況	133

ら 行

領域「表現」	1
ルールを共有	79
レッジョ・エミリア	74, 127
連続性	52

● 編著者　　　　　　　　　　　　　　　　　　　　〔執筆分担〕

島田由紀子（しまだゆきこ）　國學院大學人間開発学部 教授　　第1章，第5章コラム，第10章，第11章コラム

駒　久美子（こまくみこ）　千葉大学教育学部 准教授　　第2章，第6章2，第9章コラム，第12章コラム

● 著者（五十音順）

味府美香（あじふみか）　東京成徳大学子ども学部 准教授　　第9章1～3

池谷潤子（いけたにじゅんこ）　千葉明徳短期大学保育創造学科 准教授　　第11章1～3，第15章コラム

甲斐万里子（かいまりこ）　和洋女子大学人文学部 助教　　第15章1～3

高須裕美（たかすひろみ）　名古屋短期大学保育科 准教授　　第14章

塚本美起子（つかもとみきこ）　東京家政大学短期大学部 特任准教授　　第3章

手塚千尋（てつかちひろ）　明治学院大学心理学部 講師　　第6章3，第8章

永岡和香子（ながおかわかこ）　浜松学院大学短期大学部幼児教育科 教授　　第13章

中村光絵（なかむらみつえ）　和洋女子大学人文学部 助教　　第12章1～3

花家彩子（はなけあやこ）　常葉大学健康プロデュース学部 助教　　第4章，第6章1

保坂　遊（ほさかゆう）　東京家政大学子ども学部 教授　　第7章

森田陽子（もりたようこ）　日本女子体育大学体育学部 教授　　第5章1・3・4・コラム

渡邊孝枝（わたなべたかえ）　十文字学園女子大学人間生活学部 講師　　第5章2・4，第6章4・コラム

執筆協力（五十音順）
五十嵐睦美　邑本葉子
学校法人梅園学園認定こども園梅園幼稚園　学校法人久光学園志のぶ幼稚園
江東区立東砂幼稚園　社会福祉法人清香会　社会福祉法人めぐみ保育園
日吉台光幼稚園　文京区立お茶の水女子大学こども園

コンパス　保育内容　表現

2019年（平成31年）4月1日　初版発行
2021年（令和3年）9月10日　第3刷発行

編著者　島　田　由紀子
　　　　駒　　　久美子

発行者　筑　紫　和　男

発行所　株式会社 建 帛 社
　　　　KENPAKUSHA

〒112-0011　東京都文京区千石4丁目2番15号
　　　　　　TEL (03) 3944-2611
　　　　　　FAX (03) 3946-4377
　　　　　　https://www.kenpakusha.co.jp/

ISBN 978-4-7679-5105-8　C3037　　　　　　　プロスト／プロケード
©島田由紀子，駒久美子ほか，2019.　　　　　Printed in Japan.
（定価はカバーに表示してあります）

本書の複製権・翻訳権・上映権・公衆送信権等は株式会社建帛社が保有します。

JCOPY〈出版者著作権管理機構 委託出版物〉

本書の無断複製は著作権法上での例外を除き禁じられています。複製される
場合は，そのつど事前に，出版者著作権管理機構（TEL 03-5244-5088,
FAX 03-5244-5089, e-mail : info@jcopy.or.jp）の許諾を得て下さい。